AF453932

THÉATRE A LYON

XVIIIᵉ SIÈCLE

LYON. — IMPRIMERIE MOUGIN-RUSAND

EMMANUEL VINGTRINIER

LE

THÉATRE A LYON

AU

XVIIIᵉ SIÈCLE

LYON

METON, LIBRAIRE-ÉDITEUR

Rue de la République, 35

1879

A

M. AIMÉ VINGTRINIER

Bibliothécaire-Adjoint de la Ville de Lyon

HOMMAGE DE SON PARENT ET AMI

EMMANUEL VINGTRINIER

THÉATRE A LYON

PENDANT LE XVIIIe SIÈCLE

Ecrire l'histoire du théâtre à Lyon, ce serait suivre, dans toutes ses phases, le développement de l'art dramatique en France. C'est au XIIe siècle qu'il faudrait remonter pour trouver les premières traces de jeux scéniques dans notre ville. On sait que, plus tard, au temps de Charles VII et de Louis XI, les clercs représentaient les beaux mystères dans les églises; le peuple lyonnais était si avide de ces spectacles pieux, qu'il abandonnait tout pour y assister, même la garde des portes de la ville. Les associations laïques qui se formèrent au XVe siècle, sous le nom de confréries de la Passion, donnèrent fréquemment à Lyon, sur des théâtres improvisés, les spectacles des histoires dialoguées de l'Ancien et du Nouveau-Testament. Nos célèbres imprimeurs du temps nous ont transmis plusieurs de ces compositions bizarres et incorrectes, où l'on rencontre un si curieux mélange de foi naïve et de grossières inventions.

Mais il n'entre pas dans le cadre de cette étude de remonter aux origines de l'art dramatique à Lyon. Il suffira de les rappeler.

Le premier théâtre permanent que cette ville ait possédé, celui de Jean Neyron, construit en 1540, près de l'église des Augustins, et sur lequel furent représentés les ouvrages du poète Choquet, fut fermé huit années après par le consulat : les moralités tournaient à la farce et prenaient un caractère licencieux. Après les guerres de religion et jusqu'à la fin du XVIIe siècle, aucun spectacle permanent n'existait à Lyon ; mais les troupes de comédiens qui parcouraient la France y faisaient de longs séjours. Personne n'ignore, qu'au début de sa carrière, Molière vint à diverses reprises avec sa troupe nomade, dont la Béjart faisait partie, et que c'est dans une troupe de campagne établie à Lyon qu'il recruta les demoiselles Du Parc et de Brie (1).

Excellent acteur, mais encore inconscient de son génie, le grand homme jouait des pièces écrites par des auteurs de province. A Lyon, il défraya, pendant trois mois, le poète d'Assoucy ; Claude Basset, secrétaire de l'archevêque Camille de Neufville, avocat distingué du barreau lyonnais, esprit vif et élégant, écrivit pour Molière sa tragédie d'*Irène*. Le *Théâtre Français* du genevois Samuel Chappuzeau (2) fut aussi représenté dans notre ville par le modeste comédien, qui donnait pour la première fois son *Etourdi* dans une salle de jeu de Paume du quartier Saint-Paul.

Une affluence extraordinaire de spectateurs était venue

---

(1) *Recherches sur les Théâtres de France* de 1161 à 1735, par de Beauchamps, p. 366-367.

(2) Samuel Chappuzeau, historien, poète, traducteur, né à Genève, mort à Zel en 1701, a séjourné à Lyon où plusieurs de ses ouvrages furent imprimés ; son *Théâtre français* le fut en 1674. — *Revue du Lyonnais*, V. 321 : *Biograph. univer.*; Ménestrier, *Divers caract.* p. 271 ; Barbier, *Anonymes*.

applaudir Molière. Le peuple l'avait deviné, peut-être avant qu'il se fût connu lui-même. Son séjour à Lyon et les souvenirs qu'il y laissa donnèrent une impulsion nouvelle au goût dramatique, et l'exemple du poète-comédien ne fut probablement pas étranger au développement qu'y prirent les vocations théâtrales (1).

I

L'Opéra à Lyon — L'Académie royale de musique. — La salle de la rue du Garet — La salle de Bellecour. — Le théâtre du Gouvernement — Direction de Legay et de Mlle Desmarest. .

Après l'introduction de l'opéra français à Paris, due à un Lyonnais, Pierre Perrin, connu sous le nom d'abbé Perrin, quoiqu'il ne le fût pas (2), ce genre de spectacle ne tarda pas à se répandre à Lyon et ne cessa d'y jouir de la faveur publique.

A la fin du XVIIe siècle, un sieur Legay obtint des lettres patentes qui lui conféraient le titre de directeur de *l'Académie royale de musique* à Lyon et le privilége d'y donner des représentations théâtrales. Le consulat, pour soutenir cette entreprise, conféra au sieur Legay

---

(1) Plusieurs études fort intéressantes ont été écrites sur le séjour de Molière à Lyon. La plus complète est celle publiée par M. Brouchoud, avocat à la cour de Lyon : *Les origines du théâtre de Lyon, mystères, farces et tragédies, troupes ambulantes Molière, avec fac-simile*, Lyon, Scheuring, 1865. On peut consulter aussi un important travail publié en 1877, par M. Jules Loiseleur, sur les *Points obscurs de la vie de Molière*.

(2) Pierre Perrin, né à Lyon, introducteur des ambassadeurs auprès de Gaston, duc d'Orléans, est le premier en France qui eut le privilége d'établir un opéra (le 28 juin 1659.) Il composa des opéras et des poésies diverses, et mourut à Paris en 1680. — V. Biogr. univ.

une pension de douze cents livres (1). On voit que le système des subventions n'est pas créé d'hier.

La troupe lyrique s'installa d'abord dans une maison de la rue du Garet. Ce local fut consumé trois fois par des incendies ; et, en 1689, les missionnaires de Saint-Joseph, dont le couvent était tout près de là, effrayés du danger permanent qui résultait de ce voisinage, s'opposèrent au rétablissement de ce théâtre.

L'opéra se réfugia alors provisoirement dans une maison de la place Bellecour. Ce fut là, sans doute, qu'on joua, en 1690, l'opéra de *Didon* (2); en 1694, *la Rue Mercière ou les maris dupés*, comédie en vers de Legrand, et, en 1699, *les Comédiens de campagne* (3), pièce qui était encore toute d'actualité.

Au mois d'avril 1701, la ville donna des fêtes et des illuminations en l'honneur du duc d'Anjou et de ses frères, les ducs de Bourgogne et de Berry, qui revenaient de Savoie. Le 9, les princes furent conduits au spectacle et assistèrent à la représentation de *Phaéton*. Le 10, on joua l'*Europe galante*, avec un prologue dont le sujet était l'union de la France et de l'Espagne; cet ouvrage fit tant de plaisir qu'on le rejoua le lendemain (4).

Des troupes d'acteurs italiens passaient souvent à Lyon depuis le jour où Henry IV en avait fait venir pour les fêtes de son mariage avec Marie de Médicis. Le 13 juillet 1703, une troupe italienne, installée dans la salle de

---

(1) Clerjon et Morin, *Histoire de Lyon*, t. VI, p. 260 à 263.

(2) *Didon*, tragédie en musique, Lyon. Thomas Amaulry, 1690 (Catalogue de la bibliothèque Coste, par Aimé Vingtrinier, 2 vol. in-8).

(3) Lyon, chez Roux, 1699, (répertoire lyonnais, fonds Coste).

(4) V. Clerjon, *Hist. de Lyon*, t. VI, p. 249.

l'opéra de Bellecour, donna *La vengeance de Colombine ou Arlequin beau-frère du grand Turc*, avec la parodie de l'opéra de *Tancrède* (1).

Le goût de nos voisins avait déjà chez nous des imitateurs et la farce italienne se montrait sur nos théâtres depuis les scènes bouffonnes que Molière avait intercalées dans quelques-unes de ses comédies : c'est ainsi que les comédiens du duc de Lorraine représentèrent à Lyon, en 1704, *Le mari sans femme ou don Brusquin Dalvarade*, comédie en cinq actes, ornée de musique, danses et intermèdes, par Montfleury (2). La salle Bellecour servit encore à la représentation de quelques-unes des pièces de l'avocat Barbier, dont le recueil était fort curieux : la troupe du sieur Dominique y donna, pour la première fois, le 18 août 1710, l'*Heureux naufrage*, et, le 4 octobre suivant, les *Soirées d'été* (3).

Mais, à cette époque, Bellecour n'était pas un endroit central : en hiver surtout, les spectateurs qui allaient à pied étaient obligés, après la représentation, de traverser, pour rentrer chez eux, des rues tortueuses et mal éclairées. L'Opéra fut transféré dans la rue Saint-Jean, à côté de l'hôtel du Gouvernement.

Dès le 9 février 1707, Barbier fit jouer dans ce local les *Eaux de mille fleurs*, comédie-ballet. Le goût de la province était encore pour longtemps enchaîné aux rives du Tendre. On s'étonne, lorsqu'on relit le *Mercure galant* qui se publiait à Lyon, de voir combien on raffolait, à la fin du xviie siècle, des fadaises qui s'imprimaient dans

---

(1) *Recherches sur les théâtres*, t. III. p. 197.

(2) Lyon, Langlois, 1704, fonds Coste.

(3) *Recherches sur les théâtres*, t. II, 196, et III, 168. — Répert. lyonnais. Coste.

ce recueil. La mythologie. les bergers et les bergères du temps de l'*Astrée* avaient repris une nouvelle jeunesse parmi le beau monde. La recherche des énigmes proposées par le *Mercure* était devenue la grande occupation des femmes d'esprit. On écrivait au rédacteur de ce journal :

« Vous avez tellement rendu à la mode le *Genre énigmatique*, qu'on s'en sert à tout. Si un galant veut faire une déclaration à une belle, il ne saurait s'empêcher d'employer ce style dans son madrigal; et s'il la veut consoler de quelque perte, la violence de sa passion ne l'engage pas plus fortement à lui dire quelques mots de sa peine en la consolant, que la mode ne le pousse à lui en parler en énigme (1). »

Un autre correspondant, non moins enthousiaste, exprimait en ces termes son sentiment :

« Vous ne sauriez croire combien la lecture de ce livre a dérouillé et dérouille tous les jours d'esprits dans les provinces. *On se raffine insensiblement le goût* en examinant les beautés des pièces choisies que l'on y trouve; et *les esprits se subtilisent* par les divers tours qu'ils sont obligés de se donner pour trouver le mot de l'énigme. »

On voit, d'après ces extraits, que les épigrammes de Molière n'avaient pas seulement un intérêt rétrospectif et qu'ils s'attaquaient à des ridicules encore vivants.

D'ailleurs, pour revenir à l'avocat Barbier, il est juste de dire qu'en homme d'esprit qu'il était, il ne s'enfermait pas dans le genre maniéré et qu'il écrivait en auteur fantaisiste, en amateur, plutôt qu'en homme du métier,

―――――――――――――――――――――――――――――――――――

(1) *L'Extraordinaire du Mercure galant*, imprimé à Lyon, chez Thomas Amaulry, rue Mercière, t. I, lettre X. — (2) Id. t. I, lettre XXX.

n'écoutant que sa verve. Nous en trouvons la preuve dans sa comédie de l'*Opéra interrompu*, qui fut jouée en juillet 1707, par les comédiens italiens privilégiés du duc de Villeroy. L'Académie Royale de musique représenta aussi, dans la salle du Gouvernement, le 8 février 1708, la *Fausse alarme de l'Opéra*, comédie de M. Abeille, et en 1712, *La Promenade des Terreaux à Lyon*, sorte de comédie-revue en trois actes et en prose, composée par Dominique dont le vrai nom était Pierre-François Biancollelli (1).

Le nouveau local était lui-même assez défectueux; l'espace y était trop étroit. Le procureur général de la ville, Prost de Grange-Blanche, apportant ses lettres au consulat, énuméra les avantages d'un spectacle public « qui attire les étrangers, occupe honorablement la jeunesse, délasse les gens d'affaires et augmente les revenus de cette communauté par une plus grande consommation de denrées et marchandises. » Il fit valoir surtout la volonté du maréchal de Villeroy, qui voulait avoir ses comédiens ordinaires dans sa vice-royauté, quand il lui plairait d'y tenir sa cour. Le consulat, sous l'empire de ces hautes influences, eut l'idée, en 1709, de faire construire la salle de spectacle près du port de la Feuillée et d'en remettre gratuitement l'usage au directeur (2). Cependant, il finit par s'arrêter encore à une combinaison provisoire.

Par une délibération du 23 mars 1713, il autorisa la démolition d'une maison contiguë à l'hôtel du Gouvernement, pour l'agrandissement de la salle d'Opéra, et les travaux furent adjugés à un sieur François Cotte, moyen-

---

(1) Répert. Lyonnais (fonds Coste).
(2) Clerjon, *Hist. de Lyon*, loc. citat.

nant le prix de 13,200 livres (1). Ce fut dans cette salle
ainsi aménagée que fut jouée, en 1722, une tragédie d'*Œ-
dipe*, due, suivant toutes vraisemblances, au père Folard,
professeur au collége de la Trinité et membre de l'Académie de Lyon, qui composa vers le même temps plusieurs
ouvrages dramatiques (2). Ce fut là aussi, qu'au mois
d'avril 1720, la duchesse de Modène, fille du Régent,
étant venue passer quelques jours à Lyon, fut conduite au
spectacle par l'archevêque Monseigneur de Rochebonne
qui faisait à cette princesse les honneurs de la ville (3).
Ce détail prouve bien qu'au commencement du xviiie
siècle et au contact d'une cour licencieuse, l'Eglise elle-
même s'était départie du rigorisme qu'elle avait montré
sous le dernier règne à l'égard de Molière et des gens de
théâtre.

La salle de l'Opéra fut incendiée, le 8 juin 1722, par
l'imprudence des comédiens italiens qui y avaient laissé
du feu après le spectacle; elle n'en fut pas quitte pour
une « fausse alarme » et fut entièrement brûlée, si bien

---

(1) Un acte de vente de l'hôtel du Gouvernement porte ce qui suit :
« Ledit feu seigneur maréchal de Villeroy ne fit l'acquisition de la
maison de ladite dame Pramiral que pour la commodité du public
et *servir à l'agrandissement de la salle des spectacles qui était
dans ledit hôtel du Gouvernement*, ainsi qu'il a été reconnu par la
délibération consulaire du 23 mars 1713, en exécution de laquelle ladite maison fut démolie et toutes les constructions nécessaires faites
pour augmenter l'étendue de la salle qui a été depuis incendiée par
l'imprudence des acteurs » (*Revue du Lyonnais* 4e série, t. V, Janvier
1878, p. 52 et 53). — *Tablettes chronologiques*, par M. Péricaud.

(2) Folard (François Melchior), jésuite, né à Avignon le 5 octobre
1683, mort à Lyon le 19 février 1739. — Repert. Lyonnais.

(3) *Rev. du Lyonnais*, 2e série, t. III, *Petite chronique lyonnaise du
XVIIIe siècle*, par M. Morel de Voleine, tirée de la correspondance
d'un magistrat avec un gentilhomme du Beaujolais. — Mgr de Rochebonne mourut en 1740.

qu'au mois d'août de l'année suivante, il se produisit un
éboulement dans la voûte des écuries du Gouvernement
qui se trouvaient au-dessous. Toutefois, le théâtre fut
relevé aussitôt. Legay et mademoiselle Desmarets, qui,
depuis 1716, étaient chargés ensemble de la direction
du théâtre, reçurent du consulat une somme de 800
livres à titre d'indemnité pour la perte du matériel (1);
et le 5 novembre 1723, une troupe de comédiens italiens
s'y installa pour une série de dix représentations (2).

Des réjouissances extraordinaires eurent lieu en septembre 1725 pour le mariage du roi, et, quatre ans après,
à l'occasion de la naissance du Dauphin, dont la nour-
rice était de Lyon (3). Ces fêtes, qui attirèrent des
étrangers, eurent sans doute un écho sur notre scène;
mais le spectacle était surtout au-dehors. C'était le
temps des feux d'artifice sur l'eau et des illuminations;
dans le grand monde, on étalait les splendeurs de la
pyrotechnie comme une mode et un luxe de bon ton;
dans le peuple, qui est toujours passionné pour les fêtes,
on en délirait. La ville fit alors des profusions de fusées
et des excès de lampions.

Le Jubilé de 1727 succéda aux réjouissances nationales. Le théâtre fut fermé rigoureusement pendant toute
la durée de ce deuil religieux, et mademoiselle Desmarets, devenue seule directrice du spectacle, reçut, à ce
titre, du consulat une indemnité de cinq mille livres (4).

L'année suivante, les représentations reprirent leur
cours; mais la salle du Gouvernement redevint, une

---

(1) *Tablettes chron.* par M, Péricaud.
(2) *Petite chronique Lyonnaise* cod. loc. p. 186. — (4) cod. loc.
(3) *Petite chronique lyonnaise*, cod. loc. p. 362.
(4) *Petite chronique lyonnaise*, cod. loc., p. 186.

seconde fois, la proie des flammes. Le consulat crut devoir choisir un autre local.

On comprend qu'au milieu de tant d'épreuves, notre scène ne pouvait avoir dans ce temps-là ni le confortable ni les artistes distingués qu'elle posséda plus tard. Comédiens et directeurs vivaient au jour le jour; c'est avec des prodiges de courage qu'ils parvenaient à soutenir leur entreprise, la subvention était dérisoire et la générosité de quelques amateurs ne produisait que des sommes relativement minimes. Il est curieux de connaître l'impression qu'une femme du monde avait gardée d'une soirée passée, vers cette époque, au théâtre de Lyon :

« Nous fûmes toute une bande à l'Opéra, dit Mme du Noyer, et nous y arrivâmes fort à propos pour aider à ces pauvres gens à en payer les frais, car la foule n'y est pas ordinairement fort grande. Mais aussi qu'est-ce que c'est que cet opéra? On jouait *Bellérophon*, et Bacchus et Pan parurent, chacun un manche à balai à la main. Les machines montraient la corde, les habits des acteurs étaient des plus crasseux et l'orchestre répondait parfaitement à la magnificence du théâtre » (1).

Malgré le ton d'ironie dédaigneuse avec lequel l'auteur des *Lettres historiques et galantes* s'exprime sur une *scène de province*, il est facile de démêler dans cette appréciation la part de la vérité.

____

(1) Mme du Noyer, *Lettres historiques et galantes*, t. 174, t. II p. 196.

II

Le Théâtre des Terreaux. — L'Académie des Beaux-Arts et le Concert des Cordeliers. — Les nouveaux directeurs : Maillefer, Monnet, Préville. — Le Carnaval de 1750. — Artistes Lyonnais. — Le plan de Soufflot.

L'opéra fut installé, en 1728, dans une maison, servant de jeu de paume, que la ville avait acquise d'un sieur Bron et qui était située sur la courtine du Rhône, derrière le jardin de l'Hôtel-de-Ville (1). C'était encore un établissement provisoire ; le consulat voulait attendre d'avoir les ressources nécessaires pour construire une scène digne de la ville de Lyon.

Le théâtre traversait une crise. On y jouait rarement la comédie, parce qu'il ne s'y trouvait, au dire d'un contemporain, « que des libertins et des filles de joie. » Mademoiselle Desmarets, qui avait encore le privilége de l'opéra, tâchait de faire des recettes pendant le carnaval en substituant aux représentations dramatiques deux grands bals par semaine ; l'entrée coûtait trois livres (2).

D'ailleurs, le public choisi se laissait détourner par d'autres spectacles. On avait loué, près du port de la Feuillée, un appartement où des *jeunes gens* et des *demoiselles* de *moins de douze ans* se réunissaient deux fois par semaine pour représenter la tragédie et la comédie. On n'y entrait qu'avec des billets distribués par les parents des acteurs, « qui, en général, avaient du talent, »

____

(1) Clerjon, loc. citat.
(2) *Petite chron. Lyon*, 8 janvier 1735, p. 192.

dit naïvement le chroniqueur (1). Les Jésuites du Grand-Collége faisaient aussi jouer par leurs élèves, en présence des familles, des pièces composées par les Pères de l'ordre. Ils allèrent jusqu'à faire exécuter devant le Consulat, le 20 Mai 1742, jour de la Trinité, un *ballet* qui avait pour sujet : *La Folie et la Sagesse* (2)....

Mais le beau monde affectait un goût plus épuré.

Il allait au concert.

Quelques amateurs avaient fondé, en 1713, sous le nom d'*Académie des Beaux-Arts,* une société pour donner des concerts et, singulière association, tenir des conférences sur la physique, les mathématiques et les arts. Les séances eurent d'abord lieu sur le quai Saint-Clair.

On y avait chanté, le 25 mai 1718, devant le marquis d'Halincourt, à son retour de la guerre de Hongrie, le *Retour de Pyrrhus Néoptolème en Epire,* après le siége *de Troye,* idylle héroïque (3). En 1724, la société avait été autorisée, par lettres patentes, à élever une salle de concert sur la place des Cordeliers, à côté de l'église de ce nom, qui possédait un orgue pour la confection duquel la ville avait donné cent écus, en 1592, et qui avait eu pour organiste le célèbre Jean-Louis Marchand, plus tard organiste à la chapelle du Collége Louis-le-Grand (4).

Cet édifice, construit dans le goût italien, sur les dessins de l'architecte milanais Pietra-Santa, renfermait, outre

---

(1) Id. 3 février 1734, p. 409.

(2) *Tablettes chronologiques.*

(3) *Recherches sur les Théâtres de France,* t. III, p. 197.

(4) Jean-Louis Marchand, qui passe pour avoir été le plus grand organiste qu'il y ait jamais eu, naquit à Lyon, le 2 février 1669, et mourut à Paris, le 17 février 1732.

la salle destinée au concert, une bibliothèque et d'autres
lieux de réunion pour l'Académie des Beaux-Arts (1).

Cette société, composée de trente membres : artistes,
savants, littérateurs, compta dans son sein des noms
célèbres, malgré le mot de Voltaire qui disait d'elle
malicieusement : « C'est une honnête fille, qui ne fait pas
parler d'elle. »

Les concerts avaient lieu tous les mercredis, à cinq
heures du soir. Les étrangers qui passaient à Lyon y
étaient admis soit comme auditeurs, soit comme exé-
cutants, et des amateurs de distinction s'y faisaient applaudir par l'élite de la société ; le dilettantisme devenait
à la mode. Toute la noblesse courait entendre des sym-
phonies.

La salle du concert et ses dépendances furent cédées
à la ville, en 1741 ; dès lors, la société vécut sous la protection du duc de Villeroy et sous la direction du prévôt
des Marchands (2).

Tandis que le public subissait l'attrait de cette nouveauté, l'opéra battait de l'aile. Mademoiselle Desmarets
se soutint quelque temps par les générosités et les sacrifices de Camille Perrichon, prévôt des Marchands, chez
qui Louis Racine, alors directeur général des gabelles

----

(1) Les séances de l'Académie des Beaux-Arts se tenaient une fois
par semaine. Il y avait chaque année deux assemblées publiques : la
première eut lieu le 2 décembre 1737 (Voir *Chron. Lyon.* loc. cit. p.
196). Le 1er juin 1748, l'Académie obtint des lettres patentes particulières qui la séparaient de la Société du Concert et lui permettaient de
s'assembler sous le nom de *Société royale*.

(2) *Lyon ancien et moderne*, t. II, Grand-Théâtre. — *Fragments sur
Lyon*, par M. Morel de Voleine : *Revue du Lyonnais*, t. XIX, 3e série,
février 1875.

de Lyon, faisait des lectures de son poème de la *Religion* (1).

Mais cette femme n’avait ni le talent, ni l’ordre nécessaire à une semblable entreprise. Elle faisait trop de dépenses pour sa table et ses plaisirs. Sa retraite, devenue imminente, eut lieu vers 1735; elle laissa la direction en fort mauvais état (2).

Maillefer, qui lui succéda, ne fut guère plus heureux au point de vue commercial. Il voulut soutenir l’opéra, pendant plusieurs années, dans la plus grande magnificence, quoiqu’il sût fort bien « *qu’un opéra ne pouvait pas se soutenir dans la province sans être à la charge de ceux qui s’en mêleraient* (3) »

Du moins, ce directeur comprit ses fonctions en véritable artiste et sacrifia son intérêt personnel à celui du public. Pendant les années qui s’écoulèrent de 1738 à 1745, notre Opéra donna tout le répertoire de l’Opéra de Paris. l’Académie royale de musique joua, en 1739, le *Ballet de la Paix* et le *Ballet des Sens*, *Issé*, pastorale héroïque, *Jephté*, *Omphale*, de Lamothe et Destouches, *Vénus et Adonis* (4).

Cette année-là, le président de Brosses, dilettante en toutes choses, passant à Lyon pour se rendre en Italie, se montra très-satisfait de la salle de l’Opéra, des chan-

---

(1) Louis Racine avait épousé, en avril 1728, une Lyonnaise, Marie Presle, fille de Pierre Presle, seigneur de Cussieu et d’Unias, secrétaire du roi et échevin en 1710. Racine quitta Lyon en 1732, pour aller exercer les mêmes fonctions à Soissons. Il fut reçu comme associé de l’Académie de notre ville.

(2) Archives de la ville de Lyon, série DD, Théâtre, *Projet pour l’établissement du spectacle de Lyon*. Observations des Actionnaires.

(3) Idem.

(4) Répertoire lyonnais (Biblioth. Coste).

teurs et des danseuses. Mais là comme à Aix, où les femmes étaient absorbées par le jeu, comme à Avignon et à Marseille, l'indifférence du vrai public était encore bien grande (1).

Au nombre des opéras-ballets qui furent exécutés à Lyon, sous la direction de Maillefer, il faut citer *Tancrède*, de l'académicien Danchet ; *les Fêtes grecques et romaines*, ballet héroïque; *Ajax, Amadis de Grèce ; les Amours de Protée, Armide, Hypermnestre, Philomèle, Hippolyte et Aricie*, de Rameau ; le ballet des *Romans* et les *Amours de Ragonde* (2).

Maillefer, ruiné par les frais considérables qu'avait entraînés l'exécution d'un répertoire si varié, fut remplacé, en 1745, par Jean Monnet, homme d'esprit, presque Lyonnais de naissance (3), auteur de plusieurs ouvrages, éditeur de l'*Anthologie Française,* qui avait été déjà directeur de l'Opéra-Comique à Paris, en 1743, et qui le fut de nouveau en 1752, après son court séjour à Lyon. Persuadé qu'il ne pourrait se soutenir uniquement par l'opéra, Monnet y joignit six ou sept bons sujets pour jouer, alternativement avec l'opéra, des comédies et des opéras comiques. Cette combinaison était excellente. Mais M. de Varax, prévôt des marchands, qui n'entrait pas dans les vues du directeur, le priva de ses fonctions pour les remettre entre les mains d'un acteur, sous les ordres d'un sieur Breton, qui ne semblait point avoir les qualités convenables pour cette entreprise (4).

---

(1) *L'Italie il y a cent ans ou Lettres écrites d'Italie*, Paris. 1836, t. 1er, p. 3, 28, 38.

(2) Répert. lyonnais.

(3) Né à Condrieu (Rhône), il mourut à Paris en 1785.

(4) Arch. de la ville, loc. citat.

L'acteur dont il s'agit n'était autre que le jeune Dubus, déjà connu sous le nom de *Préville* qu'il allait bientôt rendre célèbre (1). C'était le fils d'un maitre tapissier. La sévérité de son père l'ayant poussé à fuir de la maison, il avait été recueilli par un moine, dom Népomucène, qui l'avait recommandé à son frère, M. de Vaumorin. Celui-ci avait pourvu généreusement à l'éducation du jeune homme et l'avait placé, à l'âge de dix-sept ans, chez un procureur au Châtelet. Toutefois, à la mort de son protecteur, Dubus s'était engagé dans une troupe de campagne et avait joué successivement à Strasbourg, à Dijon et à Rouen. Monnet, qui dirigeait alors l'Opéra de Paris, l'avait engagé pour la foire de Saint-Laurent, sur le bruit de sa réputation naissante, et l'avait fait débuter le 8 juin 1743 ; mais Dubus avait bientôt quitté Paris pour venir remplir le premier rôle au théâtre de Lyon (2). Il pouvait avoir environ vingt-six ans.

C'était un acteur très varié, doué de beaucoup de goût, qui joignait au profond sentiment de ses rôles l'art de bien dire les vers. Il étudiait sans cesse et, quoique fort jeune, son répertoire était déjà très étendu. La troupe de Lyon ne pouvait que profiter sous l'influence d'un esprit vif et enthousiaste comme celui-là.

Nous n'avons pas retrouvé trace des pièces nouvelles qui furent jouées de 1746 à 1750. Cependant, le beau monde reprenait le chemin du théâtre et la direction fai-

---

(1) Pierre-Louis Dubus, dit Préville, né à Paris le 19 septembre 1721, mort à Beauvais le 18 décembre 1799. « Préville est admirable pour la pantomime ; il est acteur jusqu'au bout des doigts, ses moindres gestes font épigramme. Il charge avec tout l'esprit possible, c'est le Callot du théâtre. » (*Mémoires secrets* de Bachaumont, 30 janvier 1762).

(2) *Nouvelle biogr. génér.*

sait salle comble. Il était de bon ton d'arriver avec une escorte de valets de pied ; c'était une façon d'étaler sa fortune et ses quartiers de noblesse. Mais, comme ce public parasite occupait une place précieuse et causait du tumulte pendant les représentations, une ordonnance du duc de Villeroy, en date du 7 juin 1746, défendit aux gens de livrée d'entrer aux spectacles, sous peine de prison, et d'arracher les affiches desdits spectacles sous peine d'amende et de prison (1).

En 1748, le consulat, qui ne s'était guère montré prodigue jusqu'alors, se décida à accorder à la direction des spectacles une subvention annuelle de cinq mille livres (2).

C'était encore bien mesquin ; toutefois, cette augmentation de crédit témoignait de l'importance que notre théâtre prenait de jour en jour.

Le carnaval de 1750 fut particulièrement brillant. L'Opéra donna chaque semaine quatre représentations et deux grands bals. On joua *Roland*, *l'Europe galante*, *la Provençale*, *l'Acte du Jaloux*, *la Chercheuse d'esprit*, *l'Amour saltimbanque* ; Mademoiselle Sélim remplit avec succès le rôle de Médée dans *Médée et Jason* et Mademoiselle Cartaud celui d'Iphigénie dans *Iphigénie en Tauride*. On ne négligeait pas le ballet : Cuchet et Mademoiselle Pachot dansaient la pantomime du *Bouffon de cour* ; Mademoiselle Camargo, la célèbre danseuse de l'Opéra de Paris (3), qui ruina tant de seigneurs et amusa si longtemps la cour et la ville, exécutait avec Guérin la pan-

(1) Jusqu'en 1790, les affiches du Grand-Théâtre commençaient ainsi : *Les Comédiens de Mgr le duc de Villeroy donneront aujourd'hui*, etc.

(2) *Tablettes chronologiques*.

(3) Marie-Anne Cuppi, dite Camargo, née à Bruxelles en 1710, est morte à Paris en 1770.

tomime du *Jardinier*, et Mademoiselle Anselin la *Hollandaise* (1).

La clôture du théâtre eut lieu le 21 mars, et, comme on ne savait guère plus se passer de spectacle, des *concerts spirituels* occupèrent l'attention des mondains pendant les vacances de l'Opéra.

Les comédiens (2) firent la réouverture, le 6 avril, par *Rhadamiste et Zénobie*, tragédie de Crébillon, et l'*Esprit de contradiction*, de Dufresny. « Ces deux pièces furent jouées avec un succès et un applaudissement général, dit le chroniqueur ; les partisans de Thalie doivent se réjouir. L'on dit cette troupe bonne et composée des meilleurs sujets de la province ; le sieur Préville, chef et directeur, comédien accompli en son genre, en est un sûr garant (3). »

En effet, Préville sut faire la réforme que Monnet avait tentée en vain. Il parvint à introduire sur notre scène

---

(1) V. les *Affiches de Lyon*, année 1750, feuille paraissant tous les mardis. — La foire de Saint-Germain avait attiré aussi des baladins, des sauteurs de corde, parmi lesquels on distinguait l'*Etoile italienne* et l'*Arlequin squelette*. *Le Point du Jour*, tableau mouvant, était établi à poste fixe dans un jeu de paume de la chasse royale, rue du Bœuf, et plus tard place des Terreaux. « Les arts libéraux et méchaniques en composaient les deux côtés par une centaine de figures dont les mouvements variés et contraires étaient produits par une même force ; on y voyait un coq chantant et battant des ailes, une aurore, un soleil levant, une pluye, des éclairs, des tonnerres, etc. — Au milieu de ce tableau était représentée la Nativité de N.-S. Jésus-Christ, les Anges, les Bergers, les Mages ; tout ce qui concourut à la célébrité de ce grand jour faisait la base et l'ornement de cette pièce, qui était suivie, sur la fin, tantôt de la représentation de quelque fait de l'ancienne loi, tantôt de quelque mystère de la nouvelle. »

(2) C'est la première fois qu'on dit « les *Comédiens* » au lieu de « l'*Académie royale de musique*. »

(3) Affiches de Lyon, 1750.

les meilleures pièces du répertoire comique et dramatique, qu'on jouait alternativement avec l'opéra. *Cinna* et
Bajazet, Tartuffe et *le Menteur, Electre* et *Zaïre, Enée
et Didon* tinrent l'affiche à côté de *Démocrite* et du *Retour
imprévu,* du *Légataire universel* et du *Philosophe marié,* du *Jeu de l'Amour et du Hasard,* de *Crispin rival
de son Maître* et de vingt autres pièces non moins célèbres (1). Corneille et Racine, Molière et Regnard, Lesa-
ge et Marivaux, Voltaire et Crébillon, tous ces grands
noms, toutes ces grandes œuvres produites au grand jour
dans l'espace de quelques mois, excitaient un immense
enthousiasme ; c'était une série de révélations pour le
peuple lyonnais, dont l'esprit observateur et délié se plie
aisément à l'étude d'un caractère et aux combinaisons
d'une intrigue.

Les Lyonnaises, « qui aimaient beaucoup à être aimées
de leurs maris (2), » se pressaient à la représentation
du *Préjugé à la mode,* de la Chaussée, pièce morale s'il
en fut jamais, qui avait obtenu à Paris un grand succès
de vogue et combattait le préjugé qui faisait une honte
aux grands de montrer une passion bourgeoise pour leur
femme. Les Lyonnaises se pressaient au ballet pantomime
des *Chasseurs* et des *Vendangeurs,* dansé par la Camargo
et par le fameux Noverre (3), aux pirouettes de Mlle
Lany, de l'Opéra de Paris, et à celles de Bodin et de Mlle

---

(1) Affiches de Lyon, 1750.

(2) Rev. du Lyonnais, t. VI, 4e série, juillet 1878, *Journal des Nouvelles de Paris* de 1734 à 1738, p. 54.

(3) Noverre (J.-G.). célèbre compositeur de ballets; né à Paris en
1727, il y est mort en 1810. Il enrichit presque tous les théâtres de
l'Europe de nombreuses compositions dont plusieurs eurent un immense
succès. On a de lui des *Lettres sur les arts imitateurs et sur la danse
en particulier,* 1807, 2 vol in-8°.

Geoffroy, pensionnés par la cour de Turin. Elles couraient aux débuts de Mlle Froment, dans *Iphigénie*, aux concerts des Italiens Chinzer et Vestri, musiciens du duc de Modène, à ceux des Allemands Rucker et Héricourt, aux arlequinades des sauteurs de corde et aux feux d'artifice de Prospero Toscani, le Ruggieri de ce temps-là (1).

Au milieu des soucis de sa direction, Préville avait trouvé le temps de se marier. Sa femme, Madeleine-Michelle-Angélique Drouin (2), était entrée comme lui au théâtre de Lyon et s'était faite comédienne par circonstance. Pendant trois ans, l'entreprise ne cessa de prospérer. La renommée du jeune directeur s'était rapidement accrue, son talent avait atteint sa maturité et sa perfection. A la mort d'Arnould Poisson, en 1753, Préville fut appelé à Paris pour le remplacer; ses débuts dépassèrent toutes ses espérances, et ses succès furent prodigieux. Dès lors, il n'appartint plus à la ville de Lyon ; mais, pendant les trente-trois ans qu'il passa encore au théâtre, il reparut à plusieurs reprises sur la scène qui l'avait formé.

Préville n'est pas le seul grand artiste que Lyon ait envoyé dans ce temps-là aux théâtres de Paris. Sans parler des compositeurs Leclair (3) et Dezaides, on en compte plusieurs que nous ne pouvons passer sous silence. Marie Antier, qui fut si longtemps la reine de l'Opéra, et qui, à l'âge de quarante-huit ans, chantait

---

(1) Affiches de Lyon.

(2) Née au Mans, le 17 mars 1731, morte à Senlis, le 7 mai 1794, elle débuta, en 1753, au Théâtre-Français, où elle ne fut pas admise. —V. *Nouvelle biographie générale.*

(3) Jean-Marie Leclair, fondateur de la première école de violon en France, né à Lyon, en 1697, fut assassiné à Paris, le 22 octobre 1764.

encore comme à quinze ans, était née à Lyon en 1687 (1).
Une autre Lyonnaise, Françoise Journet, avait débuté
en avril 1705, à l'Opéra de Paris, où elle était devenue
première actrice (2).

Une célèbre comédienne du Théâtre-Français avait
donné au monde l'exemple d'une conversion qui rappelait celles des grandes pécheresses du XVIIe siècle. A la
suite d'une messe qu'elle avait eu la fantaisie d'entendre
à l'occasion de l'anniversaire de sa naissance, Mlle Gauthier avait quitté la scène pour venir, au couvent de
l'Antiquaille de Lyon, prendre l'habit des Carmélites, le
20 janvier 1725, sous le nom de sœur Augustine de la
Miséricorde. La nouvelle convertie était grande et bien
faite, dit Duclos, et son teint avait de la fraîcheur. Elle
faisait des vers passables et peignait très-bien en minia-
ture ; on raconte qu'elle était douée d'une telle force,
qu'elle ployait entre ses doigts une assiette d'argent,
comme elle eût ployé une oublie. Sans rien perdre de
sa gaîté naturelle, Mlle Gauthier devint une des plus
ferventes religieuses du couvent. Le bruit qui s'était
fait autour d'elle et le charme exquis de sa conversation
lui attiraient sans cesse de nombreux et d'illustres visiteurs, qui ne se lassaient pas d'admirer le rare spectacle
de tant d'esprit uni à tant de vertu. La sœur Augustine vécut trente-deux ans dans son cloître, et mourut
le 28 avril 1757, entourée de la vénération de la ville
entière (3).

---

(1) Elle mourut à Paris le 3 décembre 1747. — Pernetti, II, 331. —
Revue du Lyonnais, *Journal des nouvelles de Paris*, loc. cit. p. 35.

(2) Françoise Journet mourut à Paris en 1722.

(3) Née en 1690, reçue au Théâtre-Français en 1716, elle se retira en
1723. Elle a laissé une relation circonstanciée de sa conversion, qu'on

Cette même année, la fille d'un musicien de Lyon, nommé Luzy, était admise à l'Opéra-Comique de Paris comme élève danseuse ; l'enfant avait tout au plus dix ans, on lui confia bientôt quelques petits rôles en rapport avec son âge. Préville lui reconnut du talent, la prit sous sa protection et la fit débuter à la Comédie-Française le 26 avril 1763. Elégante de taille et de figure, Mᶫᶫᵉ Luzy se signala par la noblesse des gestes et de la démarche, par une prononciation excellente et une physionomie pleine d'expression et de vivacité. Elle quitta la scène en avril 1781 et vécut à Paris jusqu'à sa mort qui arriva le 27 novembre 1830. Elle avait 83 ans (1).

Il faut citer encore un fameux chanteur de l'Opéra, Henri Larrivée, qui naquit à Lyon, le 8 septembre 1733. D'abord garçon perruquier, c'est en rasant les acteurs qu'il prit goût au théâtre. Il débuta, le 15 mars 1755, comme seconde basse-taille dans *Castor et Pollux* et, bientôt après, il créa, sous les yeux de Glück, les rôles d'Agamemnon dans *Iphigénie en Aulide* et d'Oreste dans *Iphigénie en Tauride*. Cet acteur possédait, avec une taille avantageuse, une voix sonore et brillante, un jeu animé et une profonde connaissance de son art, qui le distinguèrent pendant trente-deux ans sur la scène lyrique. Les compatriotes de Larrivée eurent souvent l'occasion de l'applaudir au théâtre de Lyon, sur lequel il aimait à reparaître (2). Il n'est pas de plus complète

---

trouve dans le 1ᵉʳ vol. des *Pièces intéressantes et peu connues*, publiées par Laplace.

(1) Mlle Luzy était née à Lyon le 6 juin 1747. On lit dans les registres de la paroisse de Saint-Nizier : « *Aujourd'hui sept juin, j'ai baptisé Dorothée, fille de Claude Luzy, musicien, et de Justine Moutal, son épouse.* »

(2) Larrivée mourut à Vincennes le 7 août 1802. — *Biogr. univers.*

satisfaction pour celui qui est parvenu à la fortune, que
de recueillir les suffrages de ceux qui l'ont vu dans
l'obscurité.

L'abondante récolte de blé de l'année 1751 avait laissé
dans la caisse consulaire un million de livres disponible
sur le montant des emprunts. C'était le cas d'exécuter,
à l'aide de ces fonds, des travaux d'embellissements
depuis longtemps projetés, notamment la reconstruction
du théâtre qui menaçait ruine et dont l'aspect n'avait
rien de monumental.

Il paraissait difficile de bâtir le nouveau théâtre sur
l'emplacement de l'ancien. Pendant tout le temps qu'auraient duré les travaux, on eût été privé de spectacles.
D'ailleurs, le jardin situé à l'est de l'Hôtel-de-Ville était
triste et resserré : le consulat, par une délibération en
date du 4 mars 1754, homologuée par un arrêté du Conseil
d'Etat du 10 septembre suivant, résolut de supprimer le
jardin et d'élever la nouvelle salle dans la partie orientale
de ce terrain, dont le surplus formerait une place publique. On considérait que, de la sorte, il n'y aurait pas à
faire d'acquisition de sol et que les frais de construction
seraient couverts en partie par le produit de la vente de
l'ancienne salle.

Ce projet fut mis aussitôt à exécution. La partie de la
maison Bron qui joignait le quai de Retz fut vendue
cent trente-cinq mille livres aux sieurs Sain et Auriol.
Quant à l'architecte du nouveau théâtre, le choix ne
pouvait être douteux. Soufflot (1) exerçait alors son art

____

(1) Soufflot construisit la façade monumentale de l'Hôtel-Dieu, et
bâtit le Temple des protestants sur l'emplacement de la Loge-du-
Change. Personne n'ignore que c'est à lui que Paris doit son église
Sainte-Geneviève.

à Lyon, où des travaux remarquables avaient déjà jeté les fondements de la réputation qui devait bientôt le faire appeler à Paris. C'est à cet artiste que la ville confia cette importante construction ; il reçut six mille livres « pour ses plans et *frais de dessinature.* » Les dessins furent achevés en quelques mois et la pose de la première pierre eut lieu le 17 octobre 1754 (1).

Voltaire vint à Lyon avec Mme Denis, le 15 novembre suivant. Il assista sans doute au spectacle ; son opinion sur notre théâtre serait précieuse à retenir ; mais on n'en trouve aucun vestige dans sa correspondance. D'ailleurs, le roi du siècle ne passa que trois semaines à Lyon ; mal accueilli par le cardinal-archevêque de Tencin, il quitta cette ville le 9 décembre (2).

III

Inauguration du nouveau théâtre. — Clairon et Lekain. — Brizard, François Augé, Grandval. — Les *Fourberies de Scapin,* aux Grands-Capucins. — Un succès de larmes. — Les *Affiches de Lyon.* — Direction de Mme Lobreau. — Fleury, Larive, Mlle Sainval.

Le nouveau théâtre fut achevé en moins de deux ans. Soufflot, montrant que la célérité dans l'exécution est une

(1) Clerjon, *Histoire de Lyon,* t. VI, p. 348 et suiv. — *Lyon ancien et mod.* — *Archives du Rhône,* t. VII, p. 319. — La jolie salle de Soufflot ne devait pas avoir une longue durée ; son existence ne dépassa pas 71 ans. Lorsqu'on la démolit, le 22 février 1828, on trouva dans les fondations de la façade neuf pièces de monnaie à l'effigie de Louis XV et une inscription gravée sur une plaque de cuivre et attestant que la première pierre avait été posée, le 17 octobre 1754, par le duc de Villeroy et par les prévôt et échevins de la ville.

(2) *Petite chron. lyon.* loc. cit. t. IV, p. 422. — Pierre Guérin de Tencin, né à Grenoble en 1630, succéda à Mgr de Rochebonne comme archevêque de Lyon, en 1740, et mourut le 2 mars 1758.

partie du génie, en livra les clés au consulat vers le milieu
de l'année 1756.

Le grand artiste s'était inspiré, dans la distribution et la
décoration de la salle, de ses souvenirs des théâtres de
Parme et de Vérone. D'une architecture simple, l'édifice
indiquait au premier abord sa destination. La façade, peu
élevée, avait pour couronnement une statue d'Apollon et
six groupes de génies, représentant les divers attributs de
l'art dramatique. Voltaire, auquel on avait demandé des
vers pour être gravés sur l'entablement, répondit qu'il
n'était pas facile de les faire bons, et l'on se décida pour
cet alexandrin :

Ici le dieu des arts est le dieu des Amours.

Plus tard, on substitua à cette inscription le simple mot :
THÉATRE. Limité par l'espace, Soufflot ne put donner
au monument des proportions grandioses; mais la salle
avait du moins le mérite d'être parfaitement distribuée :
elle se composait de trois rangs de galeries superposées,
où deux mille spectateurs pouvaient s'asseoir commodément et voir la scène de toutes les places. Le rideau d'avant-
scène représentait la descente d'Apollon chez Thétis (1).

L'inauguration et l'ouverture de cette nouvelle salle eurent lieu, le 30 août 1756, avec une grande solennité. Après
un prologue en vers libres, intitulé le *Réveil d'Apollon*,
Mlle Clairon, la célèbre tragédienne (2), venue de Paris

----

(1) *Lyon anc. et mod.* V. Grand-Théâtre.

(2) Claire-Josèphe-Hippolyte Legris de Latude, dite Mlle Clairon,
née en 1723 près de Condé en Flandre, morte à Paris le 18 janvier
1803. — C'était l'héroïne du Théâtre-Français ; elle avait une figure
agréable, et surtout de la physionomie, cette autre beauté essentielle à
la scène. « Dès qu'elle parait, dit Bachaumont dans ses *Mémoires secrets,*

pour prêter son concours à cette fête, remplit le rôle d'A-grippine dans *Britannicus*, avec les accents passionnés et la noblesse qui n'appartenaient qu'à elle. Le lendemain, elle joua Idamé dans l'*Orpheline de la Chine* (1). La présence de la grande actrice sur notre théâtre était une sorte de consécration ; les pensionnaires de la Comédie-Française ne croyaient pas indigne d'eux la scène qui leur avait envoyé Préville.

Déjà le grand acteur Lekain (2), sublime malgré sa laideur repoussante, venait d'offrir l'exemple, si usité depuis, de donner des représentations en province ; Voltaire, qui l'aimait beaucoup et qui l'avait produit au Théâtre-Français après l'avoir fait jouer longtemps chez lui dans ses différentes pièces, l'avait fort encouragé à ces tournées hors de Paris, comme en témoigne sa correspondance (3). Lekain

---

elle est applaudie à tout rompre. Ses enthousiastes n'ont jamais vu et ne verront jamais rien de pareil : c'est l'ouvrage le plus fini de l'art… Cette actrice a de tout temps eu la passion théâtrale, beaucoup de noblesse dans sa démarche, dans ses gestes de main, dans ses coups de tête. Quoique d'une stature médiocre, elle a toujours paru, sur la scène, au-dessus de la taille ordinaire (30 janvier 1762). »

(1) Répert. lyon. Bibl. Coste. Arch. du Rhône. tome XIII, page 437.

(2) Henri-Louis Cain, dit *Lekain*, né le 14 avril 1728 à Paris, mort le 8 février 1778. Voltaire le devina et ne cessa de le protéger. Il débuta le 14 septembre 1750 et fut très-discuté. (V. les *Mémoires de Lekain*, Paris 1801). — « La nature avait donné à Lekain une physionomie désavantageuse, une voix sombre et dure, une taille épaisse, et semblait lui opposer les plus grands obstacles. (*Merc. de France*, mars 1778). » Mais le travail et l'art vinrent à bout de tout : les critiques les plus éclairés du temps déclaraient n'avoir jamais entendu aucune voix humaine dont les inflexions fussent plus variées, d'un pathétique plus touchant et plus terrible. Il en vint à produire une telle illusion, que dans les moments de passion il n'était pas rare d'entendre les femmes s'écrier : *Qu'il est beau !* (Biog. générale).

(3) — « Aux Délices, près de Genève, 14 avril 1755 : — Monsieur

suivit les conseils de son protecteur et n'eut pas à s'en repentir.

Dès lors, des acteurs de grand talent parurent devant le public lyonnais, qui avait déjà la réputation d'être connaisseur et difficile. Pendant les années qui suivirent l'inauguration du théâtre, on trouve parmi nos comédiens des noms devenus célèbres. Brizard (1), qui s'était d'abord destiné à la peinture et qui avait été élève de Vanloo, fut poussé vers les planches par Mlle Destouches, directrice d'un spectacle donné à Valence, la même qui deviendra Mme Lobreau et dirigera bientôt notre théâtre. Engagé dans la troupe de Lyon, Brizard joua sur diverses scènes de province jusqu'en 1757, époque à laquelle Mlles Dumesnil et Clairon l'attirèrent à la Comédie Française pour y jouer les *rois* et les *pères nobles*. Il fut, paraît-il, pendant son séjour à Lyon, le héros d'une singulière aventure. Une nuit, Brizard descendait le Rhône en bateau, lorsque sa frêle embarcation alla se briser contre une pile d'un pont ; le malheureux

---

le duc de Richelieu, tout malade qu'il est, n'a point perdu de temps, mon cher et grand acteur. Il a écrit à M. de Roche-Baron, et vous avez la permission de *vous faire admirer à Lyon*, tant qu'il vous plaira. Vous devez avoir reçu cette permission dont vous doutiez ; nous vous en faisons compliment, Mme Denis et moi. — V. »

Voltaire lui écrivait encore de Lauzanne, le 5 janvier 1756 : — « ... Vous gagneriez plus en province qu'à Paris ; c'est une honte insoutenable...! » — Lekain ne touchait que dix à douze mille livres à la Comédie-Française. (*Mém. secr.*, 12 avril 1767).

Le 28 février suivant, Mme Denis faisait savoir au grand artiste qu'il était attendu à Ferney pendant la semaine sainte et qu'il « *pourrait jouer, en passant, la semaine de la Passion à Lyon.* »

(1) Britard, dit *Brizard*, était né à Orléans le 7 avril 1721, et mourut à Paris le 30 janvier 1791. — « Il a, dit Bachaumont, la majesté des rois, le sublime des pontifes, la tendresse ou la sévérité des pères. C'est un grand acteur, qui joint la force au pathétique, la chaleur au sentiment (*Mém. secr.*, loc. cit.). »

parvint à se cramponner à la pile et attendit le jour dans cette position critique ; à l'aube, il fut sauvé ; mais, soit par la terreur, soit par les efforts surhumains qu'il avait dû faire, ses cheveux avaient entièrement blanchi... Aussi n'avait-il pas besoin de perruques pour figurer les vieillards.

François Augé (1), qui, dès l'année 1750, parcourait la province en compagnie d'acteurs ambulants, fit partie de la troupe de Lyon. Ce fut dans cette ville, où la comédie florissait, que cet acteur, qui y tenait avec succès l'emploi de la *grande casaque*, reçut, le 18 janvier 1763, un ordre de début pour la Comédie-Française, à laquelle Armand l'avait signalé comme le seul artiste capable de le remplacer. Notre théâtre posséda aussi à deux reprises ce célèbre Grandval (2) qui « avait sur la scène, dit La Harpe, l'air d'un homme du monde. » Il quitta Lyon pour retourner à Paris en février 1764. Lorsque son astre vint à pâlir et que Paris l'eût rejeté comme un hochet brisé, Grandval revint chercher, dans la ville qui l'avait accueilli quatre années auparavant, un public moins engoué du succès, mais plus réservé pour les talents déchus. Il faut voir comme les critiques parisiens lui donnèrent le coup de pied de l'âne :

« Le sieur *Grandval,* dit Bachaumont, après avoir fait les beaux

---

(1) Né à la Ferté-sous-Jouare le 31 décembre 1733, il mourut à Paris le 26 février 1783. — V. *Galerie historique des comédiens de la troupe de Talma,* par E. D. de Manne, p. 1.

(2) François-Charles Racot de Grandval, né à Paris le 23 octobre 1710, mort le 17 septembre 1784. — Bachaumont fait un parallèle entre Grandval et Bellecour que nous allons voir aussi figurer sur le théâtre de Lyon. Tous deux couraient la même carrière dans les deux genres : « Le premier a plus d'importance, plus de morgue, plus de faste ; l'autre a plus de naturel, plus d'aisance, plus de fatuité : les rôles d'ironie, de dédain, de mépris, conviennent mieux au premier : ceux d'entrailles, d'onction, de pathétique, mieux au second (*Mém. secr.,* 30 janvier 1762). »

jours de la scène française, a insensiblement perdu toute sa célébrité et s'est vu forcé de disparaître tout à fait, à Pâques dernier. Pour mettre le *comble à ses humiliations,* il vient de *s'enrôler dans la troupe de Lyon,* et terminera probablement ainsi sa malheureuse carrière. Tel on a vu Bélisaire demandant l'aumône ; ou plutôt, tel le roi de Syracuse devint maître d'école (*Mém. secr.* 2 juin 1768). »

La redoutable concurrence que leur faisait le vrai théâtre n'arrêtait point la verve des bons religieux. Jaloux des lauriers du père Folard, le père Georges Vionnet (1) avait fait jouer le 28 mai 1747, *Xerxès,* tragédie en cinq actes et en vers. Dix ans après, en plein dix-huitième siècle, pendant le carnaval de 1757, les capucins du Grand-Couvent ne se firent pas scrupule de jouer, trois jours de suite, les *Fourberies de Scapin,* sur un théâtre dressé au fond de leur bibliothèque, en présence de leurs confrères du Petit-Forez et d'un grand nombre de leurs pénitents qu'ils avaient invités à ce spectacle. Voici un couplet que rapporte l'abbé de La Tour, dans ses *Réflexions morales, politiques et littéraires sur le théâtre,* et qui pourrait bien appartenir à une chanson faite à l'occasion de ces représentations :

> Nous jouons des comédies
> Dans l'enclos de nos maisons,
> Et même des tragédies
> Mieux que Molière et Baron.
> Je brille dans le tragique,
> Frère Duc dans le comique.
> Veut-on de bons arlequins ?
> Que l'on vienne aux Capucins (2).

Autre temps, autres mœurs ! ce qui n'était que naïf

---

(1) Georges Vionnet, jésuite, professeur de rhétorique au collège de la Trinité, né le 31 janvier 1712, mort le 31 décembre 1754.

(2) *Nouv. ecclés.* du 7 août 1757 ; Arch. du Rhône, tom. XIII, p. 348 ; *Lyon anc. et mod.* loc. citat.

alors ferait scandale aujourd'hui que l'opinion publique
se montre plus que sévère pour tous ceux qui portent
l'habit religieux. Mais revenons au Théâtre.

Au mois de février 1761, « les comédiens ordinaires
de Mgr le duc de Villeroy » donnèrent la première
représentation du *Père de Famille*, de Diderot, qui eut
un grand succès de sensibilité et que le chroniqueur des
Affiches de Lyon appelle un chef-d'œuvre (1). Après les

---

(1) Cette feuille, devenue hebdomadaire, nous fournit des documents
pleins d'intérêt sur les années qui vont suivre. Voici, par exemple,
à la date du 6 mai 1761, une page fort curieuse au double point de
vue de la mise en scène et de la critique dramatique à cette époque :

« Le théâtre de Lyon va voir renaître les jours brillants du célèbre
Noverre. Les ballets vont reprendre leur éclat sous la direction du sieur
Hus, déjà connu et applaudi dans la capitale. Ce maître de ballet a
débuté par la *Mort d'Orphée ou les Fêtes de Bacchus*, ballet héroïque
reçu avec tant d'accueil à Paris. — On aperçoit, aux deux côtés du
fond du théâtre, des montagnes séparées par un vallon délicieux orné
de quelques arbres qui laissent voir l'Ebre dans l'enfoncement. Orphée,
assis nonchalamment *sur un lit de gazon*, enchante par les sons de sa
lyre, tout ce qui est autour de lui. Les animaux les plus féroces sont
adoucis par l'harmonie de son jeu. Les arbres et les rochers semblent
s'approcher pour l'entendre de plus près; lorsqu'il cesse de tirer des
sons de sa lyre, les rossignols s'efforcent en vain de les imiter, et ils
tombent morts de jalousie et de douleur de ne pouvoir y réussir. Orphée finit par un morceau lugubre qui exprime les regrets de la perte
de sa chère Euridice. Les animaux *attendris* inclinent leurs têtes, les
montagnes et les rochers se fendent ; les arbres laissent tomber *les
pleurs que l'Aurore avait, au matin, répandus sur leurs feuilles* ; toute la
nature s'intéresse au sort d'Orphée. — Les seules Bacchantes sont
insensibles à ses sons, elles le soupçonnent de mépris pour elles ; elles
ont juré sa perte ; elles descendent en fureur du haut des montagnes,
tenant un thyrse d'une main et un tambour de l'autre. Elles se jettent
sur lui pour le frapper ; mais Orphée enchaîne leur rage par la mélodie
de ses sons. Les armes leur échappent des mains et tombent sans force
aux pieds du chantre de la Thrace. Elles paraissent un moment adou-
cies par la lyre enchanteresse ; mais, pour n'y pas succomber et pour
s'empêcher d'en entendre les sons, elles font *avec leurs tambours et leurs*

sécheresses du cœur, l'apparition de J.-J. Rousseau a produit une transformation complète ; avec le sentiment de la nature, il a donné à la femme la sensibilité. « La femme veut être émue jusqu'aux larmes ; elle court au théâtre pour pleurer. Elle pleure à chaudes larmes lorsque, dans le *Cri de la nature,* paraît sur la scène un petit enfant au maillot. Au *Père de famille,* on compte autant de mouchoirs que de spectatrices. Les femmes se pressent à toutes les pièces sombres et pathétiques, aux *Roméo,* aux *Hamlet,* aux *Gabrielle de Vergy* ; et la plus grande partie de plaisir est pour elles d'aller s'évanouir à ces drames *où le cœur est*

---

flûtes un bacchanal que l'orchestre exprime. Celle qui est à leur tête reste seule attendrie et s'assied aux pieds d'Orphée. Ses compagnes furieuses veulent fondre sur le malheureux Orphée qui tend en vain les mains pour les fléchir. La principale Bacchante fait des efforts pour arrêter leurs *transports ;* elle se jette à leurs genoux pour leur demander grâce, et, ne pouvant triompher de leur rage, elle se met entre elles et Orphée et veut périr avec lui puisqu'elle ne peut le sauver. Les Bacchantes l'arrachent de devant leur victime, l'attachent à un tronc d'arbre, *tombent* sur Orphée, le déchirent et jettent son corps et sa lyre dans l'Èbre *qui s'agite d'horreur*..... Elles exécutent alors un morceau de danse qui exprime à la fois la rage et la joie qu'elles ont d'avoir tué leur ennemi. Ce morceau de musique dans le goût d'une tempête laisse percer de temps en temps les accents plaintifs de la lyre, qui, d'elle-même et du fond du fleuve, fait encore entendre ses sons douloureux.

« Une symphonie annonce l'arrivée de Bacchus ; la terreur saisit les Bacchantes, qui prévoient la colère de ce dieu terrible lorsqu'il apprendra la mort de celui qui présidait à ses mystères. Elles expriment leur crainte et leur embarras par différents tableaux et s'enfuient en désordre. Bacchus descend de la montagne sur un char traîné par des tigres ; le vieux Silène et une troupe de Faunes l'accompagnent. Il est étonné de la fuite des femmes dévouées à son culte. Il aperçoit la principale Bacchante attachée à un arbre, qui donne toutes les marques du désespoir et qui l'implore aussitôt qu'elle le voit, en lui montrant, sous les arbres, l'écharpe d'Orphée ensanglantée. Il connaît la fureur de ces femmes et ne doute plus de la mort de son cher

délicieusement navré par des angoisses terribles qui sont le charme du sentiment (1). »

Le sieur Breton fut remplacé, à la direction du Théâtre, en octobre 1761, par une médiocrité de la pire espèce, un sieur Rosimond (2), qui, par bonheur, ne garda cette charge que trois années. On lui fit donner sa démission au mois d'avril 1764, et l'année théâtrale recommença sous l'administration de Mme Destouches-Lobreau, femme de tête, qui avait été directrice du théâtre de Bordeaux et qui jouissait déjà de la sympathie du public lyonnais.

La troupe débuta par *Mélanide ou les Trois Frères Rivaux.* « Début fort triste, » écrivait Mme Lobreau à M. de la Verpillière, prévôt des marchands, « les comédiens ont été trouvés détestables. Cependant, le comique vaut mieux que le tragique. La troupe a joué dans l'*Obstacle* et a été fort applaudie..... Tout paraît fort tranquille dans le public;

Orphée. Il fait délier la principale Bacchante, lui promet justice et envoie les Faunes chercher ses compagnes. Leur terreur est l'aveu de leur crime ; elles se jettent à genoux, mais elles ne fléchissent point le dieu irrité qui les attache à la terre et les change en arbres. Les jeunes Faunes, consternés de cette métamorphose, demandent grâce pour elles et apaisent insensiblement la colère du dieu qui rend aux Bacchantes leur premier être et leurs premiers charmes. Celles-ci, de concert avec les Faunes, exécutent alors les *Fêtes de Bacchus* pour le remercier ; et ces Fêtes se terminent par une *Contredanse générale* qui finit par la marche de Bacchus, qui remonte la montagne avec sa suite et tous les attributs préparés pour la Fête.

« Ce ballet rempli de feu, de génie et d'action, et qui a été donné avec l'appareil et la précision de la plus belle exécution, justifie le cas que l'on a fait des talents de l'auteur (*Affiches de Lyon*, 6 mai 1761). »

(1) *La femme au dix-huitième siècle,* par Edmond et Jules de Goncourt, 1 vol. in-18, p. 440.

(2) Archiv. manuscr. de la Ville de Lyon, série DD. Théâtre. — Corresp. de Mme Lobreau avec M. de la Verpillière, prévôt des marchands.

j'entends un cri général : *Mme Lobreau va bonifier cette troupe,
elle ne la souffrira pas si mauvaise (1).* »

C'était Rosimond qui avait monté la troupe : personne
n'osait se plaindre. Pour surcroît de malheur, Larrivée
et sa femme, qui avaient débuté le 15 avril, étaient rap-
pelés sur un ordre de Paris; c'était une grande perte
pour Mme Lobreau qui « *ne savait plus où donner de la
tête* et ne quittait pas le Théâtre du matin au soir. » Le
public disait : « *La pauvre Lobreau fait bien ce qu'elle
peut !* » — « Néanmoins, concluait la directrice, *c'est
assomant* (2). »

Elle essaya bien d'engager Grandval, Molé, Mlle Dumesnil; mais ces artistes avaient des engagements antérieurs.

C'est sur ces entrefaites que fut écrite la lettre suivante,
qu'il convient de reproduire avec sa saveur et son orthographe de fantaisie :

« La comédie va autant bien quelle peut allé, mais non
sans peine. Les maladie sont sy frécante et la troupe sy
séré que lon auroit fermé dix fois la porte sans les soins
que je me donne ; heureusement les pensionnaire font pour
moy tout ce quil peuve. Madame *Camelly* a beaucoup
perdue *de ses droits sur le cœur du public.* On la trouve
gatté depuy quelle a quitté Lyon, et heureusement il
nous arive le mois prochain un premier rolle que le
prince de la Tour-Taxis ma fait enlevé déjà deux fois
comme elle venoit me joindre. *Les cours étrangère nous
enlève tous les sujets, il n'y en a presque plus en France.*

(1-2) Eod. loc. Corresp. de Mme Lobreau, lettres des 16 avril, 9
juin et 1er juillet 1764.

Les directeurs des théâtres devaient rendre un compte rigoureux au
prévôt des marchands et l'informer de tous les détails de leur administration.

« Je n'ai pas encore pu réparé la perte que nous allons faire au premier sbre de nostre jeune home. Je voudrois bien ne me pas faire d'affaire avec les gentilshomes de la chambre, et cette perte nous fera un grand vide. Je vous suplie, Monsieur, de me dire sy vous avés vue le duc Duras (1) et si vous luy en avez parlé. Il faut que lon soit bien au dépourvue au Théâtre François ; Monsieur le duc de la *Trimouillie* qui est venue voire Lyon avec quatre officié de son régiment sous le nom du chevalié de Lépine, est venue me voire et ma promis d'en parlé aux Duc Duras. Quoy quincognito je lui ay donné les pièce qu'il désiroit. Voilà, Monsieur, toute les nouvelle du spectacle et de la position ou je suis. Et toujours avec Respect, Monsieur, Votre très-humble,

« Destouches-Lobreau. »

« Ce 30 juillet 1764 (2). »

A force d'énergie, la directrice parvint à composer une troupe fort convenable, où figuraient à côté de son mari qui jouait dans l'opéra, Rosambert et sa femme qui faisait les *soubrettes*, Hus père et fils, maîtres de ballet, Dalainville, frère du sémillant Molé qui était lui-même venu à Lyon, Duparc, Brizard, Bellecour qui avait déjà débuté à la Comédie-Française, enfin les demoiselles Monrose et Dainville. Mme Lobreau elle-même, excellente actrice, n'abandonna pas la scène, où elle jouait dans les deux genres, faisant alternativement les *caractères* et les *confidentes*, et sup-

---

(1) Le duc de Duras, premier gentilhomme de la chambre du roi. A Paris, les comédiens dépendaient des gentilshommes de la chambre, comme à Lyon du gouverneur.

(2) Arch. mss. cod. loc. — Projet pour l'établissement du spectacle.

portant à la fois le fardeau de la direction et les fatigues des répétitions quotidiennes.

Cette femme intelligente fut l'objet de la protection la plus marquée de la part de l'autorité administrative. Ajoutons que la nouveauté de la salle de spectacle, la suppression des jeux dans les cafés, les ballets de Noverre et les bouffons furent pour elle autant d'éléments de succès dont elle sut profiter.

Dans la suite, le hasard lui procura des sujets non moins distingués que les précédents, tels que : Drouin, Laschi, Hedoux ; Caillot qui était, en 1762, le premier acteur de la Comédie Italienne et qui, au jugement de Bachaumont, « réunissait toutes les qualités, à la noblesse près, dont la voix embrassait tous les genres, se montait à tous les tons et valait un orchestre entier (1). »

Mais il était réservé à la directrice du théâtre de Lyon de voir grandir sous ses yeux trois des talents dramatiques les plus remarquables de son temps ; Fleury, Larive, Mlle Sainval.

Des revers de fortune avaient amené le père du premier à se mettre à la tête d'une troupe de comédiens. Confié à n'importe qui, le petit Abraham-Joseph Laute de Fleury (2), connu plus tard sous le nom de *Bénard Fleury*, était resté à Chartres, sa ville natale, jusqu'à ce que son père, attaché au roi Stanislas comme directeur des spectacles, fût venu le chercher pour l'emmener avec lui. Le jeune garçon avait préludé à ses succès futurs sous les yeux mêmes du roi et de la marquise de Boufflers, et avait commencé son apprentissage de comédien pour ainsi dire sur les genoux des grandes dames.

------

(1) *Mém. Sec.*, 20 février 1762.
(2) Né le 26 octobre 1750, mort le 3 mars 1822.

A peine adolescent, il voulut voler de ses propres ailes et, léger de bagage et d'argent, il se rendit à Lyon où il proposa ses services à la directrice du spectacle. Les *Mémoires* publiés sous son nom, bien qu'apocryphes (1), donnent assez bien la physionomie du théâtre lyonnais à l'arrivée de Fleury, pour qu'on puisse les citer ici :

« Mme Lobreau m'accueillit comme une directrice accueille un comédien utile, et le public de Lyon ni trop mal, ni trop bien, en public qui attendait. Terrible parterre que celui de la seconde ville du royaume ! La directrice de ses plaisirs dramatiques avait fort à faire : parlons un peu d'elle... »

« C'était en bien des points le parfait contraste de Mlle Montansier. Juste, habile, exacte, femme de cœur, femme sévère, un homme en jupons pour la conduite des affaires ; c'était un véritable monarque, mais il n'y avait point à s'en plaindre ; elle tenait le sceptre d'une main ferme autant qu'habile : sous son règne, le théâtre de Lyon pouvait rivaliser d'éclat et de magnificence avec les plus brillants de la capitale. — Aussi sa passion dominante était-elle le commandement. Nous l'appelions notre *fée Urgelle*... »

Plus loin, les *Mémoires* racontent combien le jeune débutant eut à souffrir de la part du public, qui le siffla sans pitié :

« Quand je quittai mon père, impatient de voler de mes propres ailes, je crus que je trouverais partout la même indulgence... J'avais chaussé le brodequin, espérant ne marcher que sur des roses ; hélas ! un certain jour, il ne me garantit guère des ronces et des épines... Les trompettes du jugement dernier ne seront pas plus terribles aux hommes coupables que ce bruit humiliant ne le fut pour mes oreilles... »

« Heureusement que j'étais assez jeune pour croire à une injustice, Mme Lobreau me soutenant d'ailleurs et mettant toute sa ténacité à

---

(1) Les *Mémoires de Fleury* ont été composés avec esprit par J.-B.-P. Lafitte (1835-1837), qui a mis à contribution les mémoires du temps. Il résulte de témoignages authentiques que Fleury n'a pas laissé d'écrits.

donner un démenti aux siffleurs. A cette occasion même, un nommé
Provost, qui jouait les premiers rôles, me tendit la main et me donna
d'excellentes directions. »

Peu à peu, Fleury parvint à réaliser le type du vrai
comédien de ce temps-là : « Parler sans gestes, et se
donner l'air d'un homme du monde, d'un grand seigneur
dans un salon, avec cette nonchalance, ce laisser-aller de
la bonne compagnie, l'épée au côté et le chapeau sous le
bras. » Les souvenirs de la cour du roi Stanislas ne lui
furent pas inutiles :

« Entouré de mes chaises et de mes fauteuils, je me faisais un cercle
brillant et bénévole d'hommes du monde et de jolies femmes; ainsi
que le Sosie d'*Amphitryon*, je prenais et je quittais tour à tour plusieurs
rôles; ma voix polie, ironique ou impertinente, parlait à une femme
aimable, répondait à une épigramme et relevait l'insulte ; je traitais
avec tous mes meubles, baptisés de noms superbes ou de beaux titres,
de puissance à puissance. »

Enfin, le courageux artiste dompta son public et fut
admis dans le meilleur monde, grâce à la régularité de sa
conduite ; il revenait toujours à son talent quelque chose
de ces fréquentations ; car, « si les auteurs dramatiques
sont des écouteurs aux portes, il faut que le comédien
pénètre jusque dans les salons. »

Après quelques années de séjour à Lyon, Fleury quitta
notre théâtre en 1773 pour celui de Lille. Son début à la
Comédie-Française eut lieu le 7 mars 1774. Mais, trouvant pour obstacles à son admission les sociétaires Bellecour, Monvel et Molé qui tenaient le même emploi que
lui, il suivit le conseil de Lekain, son *bon ange*, et reparut
sur le théâtre de Lyon, où il avait laissé de bons souvenirs. Il y passa encore quatre années, pendant lesquelles il
assouplit son organe et acheva d'acquérir ce ton de bonne

compagnie sans lequel il n'y avait alors aucun succès possible. La Comédie Française lui ouvrit enfin ses portes le
20 mars 1778 ; il joua les *petits maîtres* en remplacement
de Molé devenu vieux, et, dix ans plus tard, il occupait les
grands *premiers rôles* de comédie (1).

Mademoiselle Sainval ou de Saint-Val, appartenait à une
honorable famille de la sénéchaussée de Grasse, les Alziary
de Rochefort (2). Sa mère avait été attachée à la personne
de la reine Marie Leczinska, son père était chevalier de
Saint-Louis et l'un de ses frères était au service (3). Ce
furent sans doute les représentations dramatiques qu'on
donnait au couvent d'Antibes, où les demoiselles de Saint-
Val furent élevées, qui développèrent leur goût pour le
théâtre. Le père, loin de contrarier ses filles, les favorisa
en les faisant paraître sur un petit théâtre de société; mais
leur détermination l'affligea.

L'aînée des deux sœurs débuta à Lyon où elle joua la
tragédie, et y fut fort goûtée. La noblesse de sa démarche
et une exquise sensibilité faisaient oublier des traits presque repoussants et un organe défectueux. En 1766, la
jeune actrice fut mandée à Paris pour combler le vide
qu'allait laisser le prochain éloignement de Mademoiselle
Clairon. Un vrai triomphe l'attendait. On lit dans Bachaumont à la date du 5 mai de la même année :

---

(1) E. D. de Manne : *Galerie hist. des portraits des comédiens.*

(2) Marie-Pauline-Christine Alziary de Rochefort, dite Mlle Sainval
l'aînée, était née à Coursegoules le 15 décembre 1743 et mourut à Paris
le 13 juin 1830. — E. D. de Manne : *Galerie hist. des portraits et des
comédiens de la troupe de Voltaire,* gravés par Hillemacher, avec détails
biog. inédits. Lyon, Scheuring, 1861.

(3) Ce frère fut pendu en 1771 ; la douleur et la honte rendirent folle
l'impressionnable actrice.

« Le Théâtre-Français s'occupe à réparer ses pertes. Mlle *Sainval*, nouvellement arrivée de Lyon, a débuté aujourd'hui dans le rôle d'*Ariane*. Ses talents sont déjà développés. C'est une actrice exercée, elle a beaucoup de feu, des entrailles, un jeu naturel à la fois et raisonné. »

« *12 mai*. — Les trois débuts de Mlle Sainval dans *Ariane* ont été des plus brillants : on lui remarque des silences et des coups de force qui annoncent la plus grande intelligence et l'âme la plus énergique et la plus sensible... *Elle est supérieure à tout ce que nous avons à la Comédie, même à Mlle Dumesnil.* »

De son côté, Voltaire trouvait la débutante sublime et La Harpe, dans le *Mercure*, proclamait qu'elle atteignait le grand pathétique.

Le troisième grand acteur que le théâtre de Lyon prépara pour la Comédie-Française, sous la direction de Mme Lobreau, fut Jean Mauduit, dit *Larive*. Né le 6 août 1747 à La Rochelle (1), où son père tenait un fonds d'épicerie, il s'enfuit à l'âge de neuf ans de la maison paternelle et alla se réfugier chez les religieux de Sept-Fonds, dans le Bourbonnais.

L'enfant fut embarqué plus tard pour les colonies et passa plusieurs années à Saint-Domingue, d'où il s'échappa pour revenir en France. Alors, passionné pour le théâtre, il se présenta un jour chez Lekain sous un nom américain, déclama des vers devant lui et emporta l'espérance que le grand tragédien lui avait fait concevoir de le doubler un jour à la Comédie-Française. Il alla aussitôt s'engager à Tours dans la troupe de Mlle Montansier, et dès lors il quitta son nom de famille pour adopter un nom de guerre, qu'il tira, en l'abrégeant, du nom même où était située la maison de commerce de son père :

---

(1) Mort près de Montmorency, le 30 avril 1827.

« De monsieur de *La Rive* il prit le nom pompeux (1). »

Ce fut vers 1767 que Larive vint à Lyon. Il y réussit complétement ; mais il vit avec un grand déplaisir Lekain venir y donner quelques représentations et détourner l'attention du public à son préjudice :

« Vous souvient-il de votre passage à Lyon en 1767 ? — écrivait plus tard l'abbé Duverney à Lekain. — Vos succès constants à Paris peuvent bien vous avoir fait oublier vos succès en province. Pour moi, je n'oublierai jamais l'état d'ivresse où vous jetâtes la ville de Lyon ; que vous jouâtes deux tragédies dans une soirée ; que vous fîtes souper plus de deux mille Lyonnais dans la salle du spectacle ; et qu'avec votre grande et belle réputation, pour garder ma place et voir *Mahomet*, je courais le hasard de ne souper qu'à deux heures du matin, si M. le commandant n'avait eu l'extrême obligeance de m'envoyer à manger..... » (2)

Larive, qui était beau de visage, devait offrir un singulier contraste avec Lekain, lorsqu'ils paraissaient tous deux sur la scène ; mais il avait moins d'intelligence et de sensibilité que son rival.

Parmi les anecdotes qu'il raconte dans ses *Réflexions sur l'art dramatique*, la suivante se rapporte à son séjour à Lyon. Un jour que Lekain jouait Vendôme, Larive, sans avoir prévenu personne, parut sous l'habit de Nemours. Son apparition inattendue provoqua des applaudissements assez vifs pour rendre sensible l'impression qu'ils produisirent sur Lekain. Les premiers mots que prononça Ne-

---

(1) De Manne : *Galerie de la troupe de Voltaire*, p. 294 et suiv.

(2) Lettre du 26 juin 1772, dans les *Mémoires de Lekain*, Paris, 1801. — On jouait alors les *Scythes* de Voltaire, dont la huitième édition s'imprimait à Lyon, et qu'on répétait à la fois à Paris, à Lausanne et à Genève. (Corresp. de Volt., Ferney, 11 mars et 17 juilet 1767).

mours sont : « Où me conduisez-vous? » — « Devant votre vainqueur! » lui répond Vendôme. Cette réponse, d'une application si facile, passant par la bouche de Lekain, fut la foudre tombant dans la salle, tant elle produisit d'effet. Mais ce que n'ajoute pas Larive, pour compléter sa narration, c'est qu'il se trouva déconcerté au point que toute l'exécution de son rôle s'en ressentit (1).

Malgré cet incident, Larive suivit Lekain à Paris, reçut ses leçons et celles de Mlle Clairon, alors retirée, et débuta le 3 septembre 1770 à la Comédie-Française. « Lekain, dit Bachaumont après ce début, forme un acteur dans le tragique, dont il donne les plus grandes espérances, quant au talent. Il a cinq pieds six pouces, de grands yeux noirs, des sourcils très-prononcés, le reste de la figure à l'avenant : il n'a que dix-neuf ans (2). »

Les actrices se disputaient les rôles des pièces où il jouait. Mais l'écrasante supériorité de son maître le fit échouer : il partit pour Bruxelles et se condamna à quatre ans d'exil volontaire, durant lesquels on le retrouve encore avec Lekain au théâtre de Lyon.

Ce fut pendant l'été de 1773, lorsque le patriarche de Ferney écrivait à « l'auteur unique de la France et son ancien ami », qu'il ignorait si sa « malheureuse santé » (dont il se plaignait toujours), lui laisserait la force d'aller l'entendre, lui promettant de faire le voyage de Ferney à Lyon s'il voulait apprendre le rôle de *Teucer* pour l'y jouer: « J'ai juré, ajoutait-il courtoisement, de ne voir jamais aucun spectacle que ceux qui sont embellis par vous (2). »

---

(1) V. De Manne, ouvrage cité. — Larive est encore l'auteur d'un *Cours de déclamation* et de *Pyrame et Thisbé*, scène lyrique. Paris, 1784.

(2) *Mém. Sec.* 10 sept. 1770.

(3) Corresp. de Voltaire, Ferney, 7 mai et 7 auguste 1773.

Du reste, pour se faire une idée de l'engouement dont
Larive était lui-même l'objet, il faut lire ces vers, cités par
M. de Manne, qui furent adressés à cet acteur en plein
théâtre de Lyon, le 1er juin de la même année, à une représentation d'*Œdipe* :

> « Interprète touchant de Melpomène en pleurs,
> Toi qui sçais à ta voix intéresser les cœurs,
> Dis-nous quel Dieu puissant te pénètre et t'enflamme,
> Et porte dans nos sens le trouble de ton âme !
> *Œdipe*, de ton être agitant les ressorts,
> De la nuit du tombeau t'inspire les remords,
> Tremblant, saisi d'horreur, je vois tes pas timides
> Reculer à l'aspect des fières Euménides.
> Tu vas peindre Orosmane et passer tour à tour
> Des cris de la fureur aux soupirs de l'amour ;
> Je m'attendris alors, et *mon âme attentive*
> *Au terrible Lekain préfère de La Rive.*
> Tu fuis, ô ciel ! *Où suis-je? Adieu larmes, plaisir...*
> Cher Larive, reviens !... »

Il revint, mais six ans après. Rappelé à Paris sur les
instances de Lekain, l'acteur si vivement regretté des
Lyonnais reprit ses débuts le 29 avril 1775 et fut admis.
Il doubla Lekain, comme celui-ci le lui avait fait espérer, et
la mort du grand comédien le mit en possession des premiers rôles.

Au mois de mai 1779, Larive vint donner à Lyon trois
représentations ; il y eut tant de monde à l'une d'elles,
qu'il en résulta du désordre. Il était dix heures du soir ; on
venait de pendre un homme ; la foule qui avait assisté à
l'exécution se jeta dans les couloirs du Théâtre, battit la
garde, força les portes, et plus de trois cents personnes
entrèrent sans payer (1).

---

(1) Petite chron. lyon. au xviiie siècle, par M. de Voleine (*Rev. du
Lyon.* t. 19).

IV

La *Vestale*. — J.-J. Rousseau à Lyon. — Le Concert, de 1760 à 1770.
Horace Coignet. — 1re représentation de *Pygmalion* à l'Hôtel-de-
Ville. — Le théâtre de société. — Mlle Sainval, la cadette. — La
grande intrigue du Théâtre. — Mme Lobreau à la Cour. — Hus et
Gaillard. — Collot-d'Herbois au Théâtre de Lyon. — Mlle Saint-
Huberti et le père Hyacinthe. — Direction de Mlle Destouches.

Mme Lobreau, qui eut le rare privilége de posséder dans
sa troupe tant de bons artistes et même des auteurs dramatiques, — comme Laméry, à qui l'on doit le *Vingt-et-
un* (1) — sut aussi faire jouer sur son théâtre, le 3 juin
1768, une tragédie proscrite par la Sorbonne, *Ericie ou
la Vestale*, qui présentait la vie monastique sous les couleurs
les plus effrayantes. Le même thème allait être reproduit
par La Harpe dans sa *Mélanie*. La sensibilité était à la mode,
on l'a dit plus haut, et l'on s'apitoyait sincèrement
sur le sort des religieuses cloîtrées, que l'on considérait
comme d'infortunées victimes (2). A la représentation, la
pièce eut le plus grand succès ; mais le prévôt des marchands fut obligé d'en arrêter le cours, en présence des
clameurs que soulevèrent certains passages (3).

Une autre *première*, qui n'excita que de l'enthousiasme,
ce fut celle de *Pygmalion*, de J.-J. Rousseau et de notre
compatriote Horace Coignet. Avant d'y arriver, il ne sera
pas sans intérêt de rappeler dans quelles circonstances

---

(1) Comédie en 1 acte et en prose, ornée de chants et de danses
(Coste, Répert. lyon.).

(2) Vingt ans plus tard, Camille Desmoulins acclama la Révolution
comme une délivrance pour les couvents.

(3) *Mém. secrets*, Bach. 11 juin 1768.

cet opéra fut composé : cela se rattache encore à l'histoire de Lyon.

Rousseau était déjà venu quatre fois dans notre ville (1). On se souvient que, jeune et encore inconnu, le futur philosophe passa une nuit à la belle étoile sur la berge droite de la Saône, aux Etroits. Il est impossible d'oublier les pages délicieuses qu'il a écrites sur cet incident de son existence pauvre et aventureuse.

C'est à l'autre versant de la vie que nous le retrouvons. Il avait cinquante-sept ans ; la sauvagerie de son caractère s'était accentuée, et l'approche de la vieillesse l'avait rendu misanthrope. Il vivait loin des villes ; il parcourait les montagnes de la Suisse et du Dauphiné, herborisant, botanisant ; cette étude était devenue une passion réconfortante qui rajeunissait son âme usée. La musique n'avait pas cessé non plus de l'occuper : il achevait le poème de *Pygmalion*, lorsqu'il vint à Lyon à la fin du mois de mars 1770.

Rousseau se logea dans une chambre garnie de la maison de la *Couronne d'or*, place de la Comédie, et y passa trois mois (2). Durant ce séjour, il consacra volontiers ses soirées aux concerts de l'Académie des Beaux-Arts, qui avaient toujours lieu le mercredi ou le jeudi de chaque semaine, excepté de septembre à novembre, pendant le temps de la villégiature. Pour éviter les entrées proscrites, les étrangers se faisaient accompagner d'un officier de l'académie ou d'un académicien. On exécutait du français, du latin et de l'italien, des opéras-comiques, les *Vendanges de Tempé* (de Favart), l'acte d'*Anacréon* ou des *Surprises de l'Amour* ; les *Sauvages*, les *Indes galantes*, les *Fêtes de l'Hymen* (de

---

(1) En 1731, en 1732, en 1740, et en 1768.
(2) Péricaud, *Tablettes chronol.*

Rameau), l'acte de *Philémon et Baucis*, *Jephté*, tragédie en musique (de Monteclair), le *Carnaval du Parnasse*, etc., etc. ; et toute cette musique profane était entremêlée ou suivie de motets à grande symphonie, de Mondonville et de La Lande, de *Magnificat* ou d'*Agnus Dei* des grands maîtres (1)..... De 1760 à 1770, on entendit, au Concert, Warin et Mlle Fargues, de l'Académie royale de Paris, Itasse, Nicolas, Lobreau, Mme Charpentier, Mlles Vanier, Veyron, Renaud et Ferton, sans parler des nombreux artistes de passage et des amateurs de talent, comme MM. Arthaud de Bellevue, d'Ambérieux et Horace Coignet. Les bals qu'on y donnait en carnaval étaient fort brillants et très-suivis ; il faut ajouter qu'on observait le carême et que, si le concert ne fermait pas ses portes, on n'y exécutait que la *Messe* de Gilles ou des motets nouveaux. Le chroniqueur des *Affiches* reconnaît que « MM. les directeurs et inspecteurs de l'Académie des Beaux-Arts ne négligeaient rien pour rendre leur concert aussi parfait qu'on pouvait le désirer. » Cependant, comme beaucoup de familles qui ne passaient que l'hiver à Lyon ne prenaient qu'un demi-abonnement, les frais considérables de l'entreprise nécessitèrent, en 1767, l'organisation d'une loterie, dont les lots gagnants consistaient en abonnements pour deux années (2).

La présence de Rousseau excitait un enthousiasme d'autant plus grand dans la salle du Concert, qu'on y avait déjà exécuté quelques-unes de ses œuvres musicales, entre autres la cantate de la *Naissance de Vénus* et le *Devin de Village* qui fut composé pour la partition avec la colla-

---

(1) Les nouveautés musicales se trouvaient chez Le Goux, maître de musique du Concert, et chez Castaud, place de la Comédie.

(2) *Affiches de Lyon*, 1761 à 1770, passim.

boration du Lyonnais Gauthier (1). Horace Coignet (2), fils d'un honorable négociant de notre ville, qui était déjà connu comme un habile compositeur, a laissé d'intéressantes *Particularités sur J.-J. Rousseau pendant le séjour qu'il fit à Lyon, en 1770* (3).

« Je fis sa connaissance, dit-il, au grand Concert de cette ville (c'était le Vendredi-Saint) : on y exécutait le *Stabat* de Pergolèse. Rousseau était placé dans une tribune, au plus haut de la salle, avec M. Fleurieux de la Tourette. Je montai avec empressement pour le voir. Il était assis sur une banquette placée en arrière. M. de Fleurieux me fit signe d'approcher ; en même temps, il disait à Rousseau que j'étais un amateur, bon lecteur, et que j'exécuterais bien sa musique. Moi, je lui dis que je voulais lui montrer quelque chose de ma composition pour le soumettre à son jugement, sur quoi il me répartit qu'il n'était pas louangeur. Il me donna rendez-vous pour le lendemain, à deux heures après midi. M. Mazoyer (le père de l'auteur de la tragédie de *Thésée*) s'y trouva avec ses enfants.

A mon arrivée, Rousseau me parut fatigué, et il me dit qu'il était obligé de sortir dans un quart d'heure. La conversation roula sur l'harmonie ; je lui dis que j'avais son *Dictionnaire*, et il parut s'intéresser à moi. Bientôt, me trouvant seul avec lui, je lui chantai l'ouverture de mon opéra. Ma manière lui plut, il me dit avec feu : « *C'est cela, vous y êtes !* » Alors, il me fit chanter différents motets de sa composition, tandis qu'il m'accompagnait avec une épinette. Il m'en demanda ensuite mon sentiment. Je lui répondis qu'ils étaient chantants, mais un peu *petits* : il en tomba d'accord avec moi, ajoutant qu'il les avait composés pour des religieuses de Dijon. Il oublia qu'il avait à sortir ; je restai chez lui jusqu'à cinq heures. A cette heure, il me proposa d'aller à la promenade, et nous restâmes hors de la ville jusqu'à la nuit. »

---

(1) Eod. loc. — Gauthier ne nous est connu que par cette mention du *Journal encyclopédique* du 1er avril 1763, p. 123 : « Le *Devin de Village*, pièce charmante qui fera longtemps regretter la mort prématurée de M. Gauthier, *musicien de Lyon.* »

(2) Né à Lyon en 1736, mort dans cette ville le 29 août 1821.

(3) Publiées par Musset-Pathay, *Hist. de la vie et des ouvrages de J.-J. Rousseau*, t. I, p. 461-72.

Rousseau invita son nouvel ami à dîner pour le lendemain. — « Comment ! dîner avec Jean-Jacques, » s'écria Coignet, « de tout mon cœur ! »

« Il m'embrassa. Le dîner fut fort gai; sa femme fut seule en tiers dans notre société. Nous trinquâmes, et nous étions à la deuxième bouteille, lorsque je lui dis que je craignais de m'enivrer ; il me répondit en riant qu'il m'en connaîtrait mieux, attendu que le vin poussait en dehors le caractère. »

« Après le dîner, il me communiqua son *Pygmalion*, et me proposa de le mettre en musique, dans le genre de la mélopée des Grecs.

« Nous allâmes, pour le lire, dans un petit bois, situé non loin de la ville, planté sur une colline qui descendait dans un vallon : là, nous nous assîmes près d'un arbre sur la hauteur. Rousseau me dit : « *Cet endroit ressemble au mont Hélicon*. » A peine eut-il terminé sa lecture, qu'un orage, mêlé d'éclairs, de tonnerre, et accompagné d'une pluie à verse, vint fondre sur nous. Nous allâmes nous mettre à l'abri sous un vieux chêne. Ce *local* lui plut infiniment. Nous étions seuls dans cette solitude qui dépend d'une maison fermée dont je connaissais le propriétaire, lequel se trouvait absent. Le temps redevenu serein, nous revînmes en ville, et nous soupâmes ensemble ; pendant le repas il raconta à sa femme notre aventure. »

Chargé de la scène lyrique de *Pygmalion*, Coignet se mit aussitôt à l'ouvrage et apporta le lendemain *l'ouverture* (1) à Rousseau, qui fut étonné de sa facilité et très satisfait. Le grand homme demanda au compositeur « de lui laisser faire l'*andante*, entre l'*ouverture* et le *presto*, de même que la ritournelle des coups de marteau, pour qu'il y eût quelque chose de lui dans cette musique. »

La collaboration ainsi répartie, l'ouvrage fut bientôt achevé. M. de la Verpillière, prévôt des marchands, et sa femme, dont l'esprit et la distinction plaisaient fort à Rousseau, voulurent donner à M. et à Mme de Trudaine,

---

(1) Une *ouverture* de *Pygmalion* fut exécutée au grand Concert de Lyon, en 1767 : était-elle de Rousseau ? .....

qui passaient à Lyon, le plaisir de voir, les premiers, jouer *Pygmalion* sur un petit théâtre qu'ils avaient fait construire à l'Hôtel-de-Ville où ils logeaient.

Le théâtre de société était une fureur dans la seconde moitié du xviiie siècle. Mis à la mode par la cour, le goût de la comédie régnait dans le grand monde, et des mères comme Mme de Sabran donnaient à leurs enfants pour professeurs Larive et Mlle Sainval (1). Des théâtres se dressaient dans les hôtels et dans les châteaux, et il n'était pas de procureur qui ne voulût avoir une troupe dans sa bastide. Aussi bien, les spectacles de salon avaient-ils leurs répertoires : c'était le *Théâtre de Société* de Collé ou les *Proverbes dramatiques* de Carmontelle.

C'est sur la femme que le goût de la comédie exerçait la plus puissante séduction. Il la faisait monter sur les planches et lui permettait d'être une actrice (2).

---

(1) A Lyon, Mme Hus enseignait à danser dans plusieurs communautés religieuses.

(2) « Il lui donnait, disent MM. de Goncourt, l'amusement des répétitions, l'enivrement de l'applaudissement. Il lui mettait aux joues le rouge du théâtre qu'elle était si fière de porter, et qu'elle gardait au souper qui suivait la représentation, après avoir fait semblant de se débarbouiller. Il mettait dans sa vie l'illusion de la comédie, le mensonge de la scène, les plaisirs des coulisses, l'ivresse que fait monter au cœur et dans la tête l'ivresse d'un public. Que lui faisait un travail de six semaines, une toilette de six heures, un jeûne de vingt-quatre? N'était-elle pas payée de tout ennui, de toute privation, de toute fatigue, lorsqu'elle entendait à sa sortie de scène : « *Ah ! mon cœur, comme un ange ! ..... Comment peut-on jouer comme cela ? C'est étonnant ! Ne me faites donc pas pleurer comme ça ..... Savez-vous que je n'en puis plus?* »

« Et quelle plus jolie invention pour satisfaire tous les goûts de la femme, toutes ses vanités, mettre en lumière toutes ses grâces, en activité toutes ses coquetteries! Pour quelques-unes, le théâtre était une vocation : il y avait, en effet, des génies de nature, de grandes comédiennes et d'admirables chanteuses dans ces actrices de société.

La représentation donnée à l'Hôtel-de-Ville attira toute
l'aristocratie lyonnaise. Mme de Fleurieux remplissait le rôle
de Galathée ; celui de Pygmalion était tenu par Le Texier,
employé dans je ne sais quelle administration de la ville,
mais si habile lecteur, que Voltaire lui-même, enchanté
de son talent, écrivait à un de ses amis : « Entendez-le,
il me ferait écouter *l'Evangile!* (1) » On compléta la soirée
par le *Devin de Village*, où Mme de Fleurieux jouait *Colette ;*
Le Texier, *Colin*, et Horace Coignet, le *Devin*. « Les
deux pièces furent bien rendues, dit ce dernier, et *Pygmalion*,
qu'on entendait pour la première fois, fit le plus grand
effet. Après la représentation, Rousseau vint m'embrasser
dans le grand salon, où la société s'était rendue, en me

« Plus de dix de nos femmes du grand monde, dit le prince de Ligne,
jouent et chantent mieux que ce que j'ai vu de mieux sur tous les
théâtres. » Pour beaucoup, le théâtre était un passe-temps ; pour
un certain nombre, il était une occasion ; pour toutes, il était une
fièvre, une fièvre et un enchantement qui n'était rompu qu'à ces mots :
« *Ces dames sont servies.* » On courait souper ; car on avait à peine
déjeûné pour être plus sûre de son organe. En passant, une glace
faisait voir à une ou deux femmes que leurs épingles étaient tombées ;
on pensait aux fautes qu'on se ressouvenait d'avoir commises, on se
disait : J'aurais dû dire ceci autrement. Puis on se rappelait que deux
personnes, passant pour être bien ensemble, s'étaient parlé sur le troisième banc. On n'était plus comédienne, on redevenait femme, et la
comédie finissait par une jalousie de talent, d'amant ou de figure » (*La
femme au dix-huitième siècle*, par MM. Edmond et Jules de Goncourt,
1 vol. in-18, Charpentier, p. 131 à 137).

(1) Le Texier, né à Paris, avait un emploi dans une administration
où la dissipation de sa jeunesse le fit disposer de quelques fonds qui
lui étaient confiés. Obligé de quitter Lyon, il se réfugia pendant quelque temps auprès de Voltaire à Ferney ; il alla ensuite en Hollande et
en Angleterre, où il fit des lectures publiques de comédies, genre dans
lequel il excellait. Rentré en France en 1814, il y mourut dans un âge
avancé. V. *Biog. univers.* Note de Beuchot, *Corresp. de Voltaire*, n° 6791,
Bachaum. *Mém. secr.*, VII, 163, et *Paris, Versailles*, etc., I, 126.

disant : Mon ami, *votre* musique m'a arraché des pleurs. »

Pendant les trois mois que Rousseau passa à Lyon, il assista avec son collaborateur aux concerts que donnait M. Cornabé, dont la famille cultivait les arts. Il était invité à des repas homériques chez M. de la Verpillière ; la comédie suivait le diner. On jouait la *Comtesse de Fayel*, tragédie de société, sur le même sujet que *Gabrielle de Vergy*, ou bien *Mélanie*, dont le rôle principal était si bien rempli par Mme de Fleurieux, que Rousseau, avec cette sensibilité maladive qui donnait le ton à son siècle, répondit un soir à ceux qui lui demandaient s'il était content : « Voyez mon habit tout couvert de larmes ! »

Le philosophe de Genève fut reçu à la campagne chez Mme Delessert et chez Mme veuve Boy de la Tour, d'une bonne famille suisse, chez laquelle il passa quelques jours dans le site pittoresque de Rochecardon. Il herborisait, admirait la nature, écrivait son nom sur les rochers ; Coignet chantait la romance du *Devin de Village* en s'accompagnant sur le violon, et Rousseau se trouvait aux plus beaux jours de sa vie. Il aurait sans doute prolongé son séjour à Lyon sans une circonstance que Coignet nous rapporte :

« Voulant faire entendre au grand Concert un motet qu'il avait composé, il y avait alors vingt ans, Rousseau me chargea, à la première répétition, de conduire l'orchestre. Les musiciens en prirent de l'humeur contre lui, disant qu'il ne les croyait donc pas capables d'accompagner sa musique. Celle-ci, froide et sans effet, se ressentait du temps où il l'avait composée. Depuis, cet art avait fait des pas de géants, en Italie, grâce à Jomelli, Piccini, etc. ; en France, grâce à Philidor, Grétry, Monsigny. Des oreilles, déjà accoutumées à entendre leurs productions, ne purent être flattées du motet de Rousseau, malgré l'enthousiasme que sa personne inspirait.

« Enfin, son motet eut le sort que j'avais prévu ; il ne réussit point. Une nombreuse réunion était allée pour l'entendre. Rousseau

s'en prit aux musiciens. Le chagrin qu'il éprouva de ce mauvais succès
le décida à quitter la ville (1). »

Rousseau alla faire jouer à Paris son *Pygmalion*, dont la
renommée avait déjà entretenu les nobles faubourgs (2),
où il fut aussi bien reçu qu'à Lyon. — Pendant l'été qui
suivit, l'intendant Jacques de Flesselles fit représenter
cette scène lyrique dans son château de Longchêne, près
de Saint-Genis-Laval, avec la *Mélanie* de La Harpe (3).

Au mois de Novembre 1773, la ville de Lyon reçut la
visite de la jeune comtesse d'Artois (4), qui venait de se
marier. « L'entrée de la princesse eut lieu aux flambeaux.
Le lendemain, elle alla à la messe à midi, à la bibliothèque
de l'Oratoire à cinq heures, et le soir à la comédie, où l'on
jouait la *Partie de Chasse d'Henri IV*, de Collé, et le
Déserteur. On se loua beaucoup de son *honnêteté* : elle fit
au moins douze révérences en entrant et autant à son
départ ; quoiqu'elle fût fort petite, on lui trouva un très-
beau teint, de beaux yeux, les mains et la gorge fort bien.
Le spectacle fut suivi d'un second feu d'artifice. »

Ce fut vers le même temps que Mme Lobreau engagea
Mlle Sainval la cadette, qui avait déjà obtenu à Paris un
« succès prodigieux » et dont Mlle Clairon trouvait le

---

(1) Ce fut pendant le séjour de Rousseau à Lyon, que deux amants
se donnèrent la mort aux environs de la ville, parce que les parents de
la jeune fille s'opposaient à leur union ; Rousseau leur fit une épitaphe.
Cette triste histoire a fourni le sujet de plusieurs pièces de théâtre.

(2) Coignet prétend que Rousseau s'est laissé attribuer, dans les
salons parisiens et dans le *Mercure*, la paternité exclusive de cet opéra,
sans avoir jamais fait connaître son collaborateur.

(3) *Petite chron. lyon.*, 20 août 1770 (*Rev. du Lyon.*, 2e série, t. V).

(4) Marie-Thérèse de Savoie. — V. *Petite Chron.* (*Rev. du Lyon.*,
2e série, t. II).

« talent réel et charmant ». Loin d'être jolie, maigre et
assez chétive, mais moins laide que sa sœur, elle avait de
la physionomie et mettait dans son jeu beaucoup d'âme et
de sensibilité. Une maladie avait suspendu ses débuts à la
Comédie-Française jusqu'au 10 février 1773 ; Mlle Raucourt avait surgi pendant son absence, elle était belle, et le
parterre n'eut plus d'hommages que pour cette nouvelle
étoile. Mlle Sainval revint donc en province, et le Théâtre
de Lyon retentit bientôt de ses succès. Elle y resta jusqu'au
départ furtif pour la Russie de sa rivale dont l'astre avait
pâli à son tour, et, le 6 juin 1776, elle rentra triomphale-
ment à la Comédie-Française. Elle ne revint à Lyon qu'en
1781, dans le plus mauvais état de santé et presque
mourante (1).

Depuis certaines lettres-patentes de 1764, les directeurs
de spectacles ne recevaient plus de subvention. A Lyon,
les frais généraux de la direction s'élevaient à environ
170,000 livres par an, quoique les acteurs ne fussent pas
payés avec trop de prodigalité (2). Mais les directeurs
jouissaient toujours gratuitement de la salle, et cela suffisait pour leur faire des envieux.

Une compagnie de négociants lyonnais qui offrit, sous le
nom d'un sieur Sordo, de payer à la caisse municipale un
loyer de 30,000 livres, obtint, par l'entremise d'un sieur

---

(1) Marie-Blanche Alziary de Roquefort était née à Coursegoules,
le 2 septembre 1752. — V. *Galerie hist. des portraits et des comédiens de
la troupe de Voltaire.* — *Petit. chron.* (Rev. du Lyon., t. XIX).

(2) On trouve des états de paiement dans les mss de la ville, en
1772-1773 :

    Fleury, emploi d'Audinot, recevait. . . .   4,000 livres.
    Hus père et fils, maîtres de ballets. . . .   2,200   —
    Mlle Hus, danseuse.   800   —

L..., chef de bureau au contrôle général, un arrêt du
Conseil du Roi, en date du 19 février 1776, qui dépouillait
Mme Lobreau du privilége des spectacles, et qui le leur
concédait pendant trente années. Le consulat fut enchanté
de cette combinaison qui mettait de l'argent dans sa caisse
assez pauvre. Mais l'exercice du privilége dépendait du
gouverneur, le duc de Villeroy. Sans perdre de temps,
Mme Lobreau écrivit à M. Bertin, ministre de la province :

« ..... Je doute qu'à cette condition cette Compagnie puisse contenter
« les citoyens et avoir une troupe bien composée .... Vous ne souffrirez
« point, Monseigneur, qu'une infortunée que vous avez protégée et que
« vous daignez protéger encore, soit ainsi sacrifiée aux vues ambitieuses
« de quelques esprits remuants qui, pour retirer ces 30,000 livres, comp-
« tent augmenter les prix et se pourvoir de cette somme aux dépens
« du public. Ayez pitié de mon sort, Monseigneur. J'ose espérer qu'il
« ne sera pas dit que sous le *Règne de l'honnêteté*, sous un ministre équi-
« table, aucune injustice vienne accabler un sujet de S. M... (3 mars
« 1776). »

Le procureur général, Prost de Royer, prit sa défense et
s'indigna. Pourtant, la directrice dut faire soumission, le
11 avril suivant, de payer à la ville la somme offerte par ses
concurrents, pour conserver l'exercice des spectacles.
Ayant ensuite obtenu du consulat un rabais de 10,000 livres, elle fut de nouveau en butte aux vexations de Sordo,
qu'un nouvel arrêt mit en possession du théâtre. Le public
prit parti pour Mme Lobreau, et les acteurs se retirèrent en
masse, prétendant qu'engagés envers elle, sa retraite rési-
liait leurs traités (1).

Active, persévérante, celle-ci parvint, malgré le mystère
dont on avait enveloppé cette manœuvre, à se procurer une
expédition en règle du traité qui la dépouillait si injuste-

------

(1) Clerjon et Morin, t. VI, p. 438.

ment, et par lequel les nouveaux entrepreneurs assuraient
à L... dix-huit mille livres par année, pendant leur exploitation, et un pot-de-vin considérable. Munie de ces pièces,
Mme Lobreau prit une chaise de poste, se rendit à Versailles,
vit le duc de Villeroy qui faisait son service de capitaine
des gardes, et obtint la faveur de présenter elle-même à la
jeune reine un placet appuyé de pièces justificatives.

Louis XVI fut instruit de l'odieuse injustice dont cette
femme était victime. Déjà prévenu contre Turgot pour
quelque intrigue de palais, le roi fit appeler ce ministre :
— « Votre chef de bureau L..., lui dit-il, est un fripon qui
abuse de votre nom pour dépouiller les gens honnêtes et
vendre les places à son profit. Faites-lui restituer ce qu'il a
reçu pour la direction du spectacle de Lyon : que l'ancienne
directrice soit remise dans ses droits et chassez cet
homme. »

La réprimande était aussi sévère qu'inattendue. Turgot,
ne connaissant point cette affaire, répondit qu'il s'en informerait et que, si son commis était aussi coupable qu'on
l'avait rapporté à Sa Majesté, il lui ferait infliger une dure
punition. Le ministre, dont la conscience droite ne pouvait
comprendre une bassesse, s'adressa à L... lui-même pour
avoir ses informations, et celui-ci, ignorant la présence de
Mme Lobreau à Paris, nia effrontément les imputations qui
pesaient sur lui. Dupe de sa bonne foi, Turgot retourna
chez le roi, soutint l'innocence de son subordonné et se
plaignit amèrement de la méchanceté de ses calomniateurs.
Louis XVI l'écouta patiemment, puis il tira de sa poche les
papiers que la reine lui avait remis sur cette affaire, les jeta
sur la table et tourna le dos, en disant :

— « Je n'aime ni les fripons, ni ceux qui les soutiennent ! »

Le lendemain, Turgot quitta le ministère ; le roi le

remplaça par M. de Clugny, et un nouvel arrêt du conseil confirma le privilége de Mme Lobreau, moyennant l'obligation de payer 30,000 livres de loyer (1). Ce rapprochement d'une anecdote de théâtre et d'un fait historique montre une fois de plus que la fortune politique tient souvent à de bien faibles causes.

Plus tard, la directrice, n'ayant plus à craindre de concurrence, réclama la remise du loyer ; mais le consulat ne crut pas devoir faire droit à cette demande :

« Comment, répondit-on, pourrions-nous y être favorables, tandis que nos hôpitaux ont besoin des secours les plus prompts ?... que la dette municipale monte peut-être à *quarante millions*, et que tous les revenus de la ville sont réduits à *deux millions trois cent trente-huit mille livres*, compris les trente mille contestés par la directrice (2) ? »

Ces raisons étaient excellentes. Mais la direction s'endettait. En 1779, on jugea à propos d'adjoindre à Mme Lobreau deux associés, Hus et Gaillard, qui cherchèrent à accroître les recettes par tous les moyens possibles. Ils firent venir Préville, qui donna quelques représentations aux mois de novembre et décembre 1780 ; ils donnèrent des ballets-pantomimes, tels que les *Quatre fils Aymon*, d'Arnould, les *Amours d'Enée et de Didon*, de Noverre, et la *Belle au bois dormant*. Ces exhibitions « étaient très-plates

---

(1) Dugas de Bois Saint-Just : *Paris, Versailles et les Provinces*, t. I, p. 39. — *Mémoires* de Fleury. — Mémoire pour la direction des spectacles de Lyon, 1776 (mss. Biblioth. Coste). Le nouvel arrêt du Conseil est du 31 mai 1776 ; il fut confirmé par deux arrêts des 22 janvier 1777 et ..... 1778.

(2) Clerjon et Morin, loc. cit. — La ville avait créé en 1757 une place d'inspecteur de la salle des spectacles. Cette place fut supprimée en 1777, et le sieur Morand, qui recevait une pension de mille livres, comme titulaire, reçut 5,000 livres à titre d'indemnité. (Arch. de la ville, mss.)

et les décorations, annoncées avec emphase, étaient trouvées des plus mesquines par les véritables connaisseurs. »

Enfin, Hus et Gaillard exploitèrent la vogue de la comédie de société et prêtèrent leurs sujets à tous les salons qui payaient largement, si bien qu'un règlement du duc de Villeroy, en date du 31 mars 1780, finit par leur interdire de donner des représentations dans les maisons particulières, cet usage étant préjudiciable au succès des spectacles publics et détournant les acteurs du théâtre (1).

Malgré les embarras financiers de la direction, la troupe était bien composée, et les chroniqueurs se plaisaient à le reconnaître, avec la pointe d'ironie qu'ils mêlaient à leur critique. Qu'on en juge par les termes dans lesquels s'exprimait l'auteur de la *Petite chronique :*

« 27 juin 1781. — La petite pièce de la *Soirée Villageoise* a été assez bien rendue. La neige n'étoit point mal, surtout sur les arbres ; pour celle qui tomboit, il arrivoit souvent qu'il n'en tomboit que d'un côté ; il y avoit jusqu'à la perruque de *Saint-Far* (1), qui faisoit le bailly, qui en étoit couverte. C'étoit la petite *Frédéric*, qui jouoit à ravir le rôle de Babet ; Saint-Aubin, l'amoureux ; la Rosambert, la mère ; le gros Mussi, le père. On donnoit avec le *Barbier de Séville*, qui fut joué indignement par le fameux *Beaumesnil*, qui jouoit le comte, on le hua et siffla. Mlle Solier, autrement Mme Hus la jeune, prend assez bien, elle, les rôles d'amoureuses coquettes. »

« 12 juillet. — La femme de Darboville a débuté ; c'est une personne assez jolie ; elle est au-dessus des Clairville, des Bouquet et des Frédéric pour le jeu et la voix. Ainsi l'opéra *comique est monté supérieurement.* — *Le Gros* (2) est enfin arrivé et a donné déjà deux représentations d'*Orphée*. A la première tout fut pitoyable, et il arriva un accident qui fit

(1) *Petit. chron.* déc. 1780, juin et juillet 1781. — Répert. lyonnais. — Arch. mss.

(2) Legros (Joseph), célèbre chanteur de l'Opéra (haute-contre), 1739-1793. — Tous les acteurs cités ici par le chroniqueur sont à peu près inconnus aujourd'hui, même « le *fameux* Beaumesnil. »

beaucoup de bruit. Dans le ballet des Diables, que M. Désombrages rendoit si bien, Hus le fils, en sortant de la caverne avec des torches et une plaque enflammée à l'esprit de vin sur l'estomach, fit détacher cette plaque en gesticulant, et elle alla tomber dessus les spectateurs. »

Pourtant, soit que les acteurs ne fussent pas payés, soit que certain ballet de la *Rose et du Bouton* eût choqué quelques personnes, qui avaient prié le commandant (1) d'interposer son autorité pour qu'il ne parût plus, il y avait au théâtre un levain de cabale. Hus chassa deux actrices, entre autres la *coquette* Valville ; il y eut du tapage. Le commandant fit venir Hus, qui l'apostropha en lui disant que « c'était lui qui faisait tout le bruit et était le seul cabaleur. » Le major se fâcha, comme bien on pense, ce ne fut cependant que quatre mois après et à la suite d'une nouvelle impertinence, que le directeur fut disgracié et obligé, en vertu d'une lettre de cachet, de quitter « le *tripot* » dans les vingt-quatre heures et la ville dans les huit jours. Mais si la vengeance est le plaisir des dieux, la clémence est le devoir des administrateurs : au bout d'un mois, Hus rentra à la direction du Théâtre et, en janvier 1782, le ballet *de la Rose et du Bouton* reparut sur l'affiche (2).

L'année théâtrale qui commença en avril 1782 amena sur la scène lyonnaise un homme dont le nom devait avoir dans la suite une sinistre signification : c'était Collot d'Herbois, le futur terroriste de Lyon. Né à Paris en 1750,

---

(1) Joseph Vial, échevin, commandant en l'absence de M. Fay de Sathonay. — *Petite chron.* (*Rev. du Lyon.* t. XIX), 14 août et 13 déc. 1781. — Antoine Fay, seigneur de Sathonay, fut prévôt des marchands de 1779 à 1784.

(2) *Petit, chron.* eod. loc. 24 janvier 1782.

d'une famille bourgeoise qui lui donna de l'éducation, il avait, comme son collègue Billaud-Varennes, commencé par faire partie de la congrégation de l'Oratoire. Son nom de famille était *Collot ;* devenu acteur, il se faisait appeler D'HERBOIS. Avant de venir à Lyon, il avait joué sur plusieurs théâtres de province et composé une dizaine de pièces médiocres. Leur date et le lieu de leur publication marquent la trace de son passage, à partir de 1772, à Bordeaux, à Nantes, à Avignon, à Amiens, à Paris et à La Haye (1). Il paraît que dans le cours de ses pérégrinations le futur conventionnel ne fut pas d'une vertu à toute épreuve. « C'était un *repris de justice,* » dit Mme Roland ; il avait été « *condamné,* dans le Midi, *à un an de prison pour une vilaine action,* lorsqu'il courait les tréteaux, et pour laquelle *plusieurs juges avaient opiné aux galères* (2). »

En 1782, Collot d'Herbois avait trente-deux ans. Il était

---

(1) Collot d'Herbois avait publié successivement :

Lucie ou les Parents imprudents, drame, Bordeaux, 1772 ; Nantes, 1774 ; Avignon, 1777 ; La Haye, 1781.

Le Paysan magistrat, comédie en 5 actes et en prose, imitée de Caldéron, 1777. La 5e édition, que les biographes ne mentionnent pas, fut publiée à Lyon, chez Castaud, en 1782.

Le vrai généreux ou les bons mariages, drame, Paris, 1777.

Le bon Angevin ou l'Homme de Cœur, comédie, Amiens, 1777.

Le nouveau Nostradamus ou les Fêtes provençales, comédie, Avignon 1777.

Le Bénéfice, comédie, Paris, 1778.

Les Français à Grenade ou l'Impromptu de la guerre et de l'amour, 1779.

L'Amant loup-garou ou Monsieur Rodomont, comédie, Paris, 1780.

La Fête Dauphine ou le Monument français, Paris. 1781.

Après une lacune de neuf années, qui furent celles de son séjour à Lyon, Collot d'Herbois reprit la suite de ses publications par *l'Inconnu ou le Préjugé vaincu* (Paris, 1790). — V. *Nouvelle biogr. génér.*

(2) *Mémoires de* Mme *Roland,* édition Hachette, p. 224.

de taille moyenne, avec le teint brun, les cheveux noirs et crépus, le regard inquiet ; du reste, il était doué d'un assez beau visage et d'un organe sonore (« une grande force de poumons, » dit encore Mme Roland). Ces qualités physiques jointes à un vrai talent d'acteur lui conquirent bien vite la sympathie du public lyonnais, devant lequel il remplit avec succès l'emploi des *grands premiers rôles comiques* (1). Il faut rejeter comme inexacte l'assertion, généralement admise et reproduite par tous les biographes, d'après laquelle Collot d'Herbois aurait été sifflé au Théâtre de Lyon et « aurait plus tard fait payer cher à cette malheureuse ville *un acte de justice réclamé par le bon goût* (2)..... » Le lecteur verra plus loin quelle est la source de cette erreur si accréditée et sur quelles preuves s'appuie l'opinion contraire.

On n'aurait pas souffert longtemps un premier rôle sifflé, dans « *une des troupes les mieux composées qu'il y eût en province,* avec un *spectacle tous les jours,* et qui embrassait tous les genres, depuis le grand opéra jusqu'aux pièces des boulevards, depuis la tragédie jusqu'aux ballets-pantomimes, et des assemblées nombreuses et brillantes (3). »

En 1783, « plusieurs circonstances contribuèrent à *embel lir le spectacle.* » L'archiduc et l'archiduchesse de Milan l'honorèrent de leur présence. Lemierre, Mercier, de Piis

---

(1) On lit dans la *Petite chronique :* « 10 mai 1782. — Collot d'Herbois, *nouvel acteur dans les grands rôles comiques, continue à faire plaisir* (*Rev. du Lyonnais,* 2e série, t. XIX, p. 461). » — Dans une lettre adressée aux auteurs du *Journal de Paris* et insérée dans le n° du 13 octobre 1782, Collot d'Herbois prend le titre de *premier acteur du théâtre de Lyon.*

(2) Sic, *Biogr. univers.* de Michaud, *Nouvelle Biogr. génér.* (Didot), etc., etc. — Le *Dictionnaire universel du XIXe siècle,* de M. Larousse, est le seul, croyons-nous, qui ait rétabli la vérité sur ce point.

(3) *Journal de Lyon* ou annonces et variétés littéraires, pour servir de suite aux *Affiches de Lyon,* par Mathon de La Cour, 8 janvier 1783,

et Marsollier des Vivetières vinrent faire jouer à Lyon plusieurs de leurs ouvrages. Les tragédies de *Guillaume Tell*, d'*Artaxerxe*, de *Barnevelt* furent représentées pour la première fois.

Céphise, comédie de Marsollier, fit le plus grand plaisir : « Tous les traits, dit Mathon de La Cour, ont été sentis par les spectateurs et les rôles rendus *avec beaucoup d'intelligence, de finesse et d'ensemble* par Mlles Valville et Francheville, et MM. Chevalier, d'*Herbois* et Restier (1). » Larive fit une nouvelle apparition sur notre scène. Enfin, la fameuse Mlle Saint-Huberti (2), de l'Opéra, vint chanter pendant le carême dans plusieurs opéras comiques. Elle séduisit tout le monde : on la trouvait laide au lever du rideau, « mais, dès qu'elle ouvrait la bouche, on oubliait sa laideur et on la trouvait superbe. La vérité de son jeu touchant et passionné, son abandon sublime, la magie de son chant, la sensibilité de son organe, ses attitudes animées et pittoresques attirèrent une affluence *sans exemple* de spectateurs émus, qui accueillaient chaque jour cette actrice *inimitable* avec des vers, des couronnes et des cris... »

Par un singulier contraste, la même société qui applaudissait chaque soir la Saint-Huberti, se pressait le matin, avide d'émotions nouvelles, dans l'église de l'Hôpital pour entendre un *carme*, prédicateur en renom, le *père Hyacinthe*, qui avait été comédien, et qui, « avec beaucoup d'onction, des gestes trop significatifs et sentant le théâtre, prêchait

---

(1) Restier, né à Lyon en 1726, y mourut en 1803. — V. *Journal de Lyon*.

(2) Antoinette-Cécile Clavel, dite Saint-Huberti, née à Toul en 1756, avait débuté, en 1777, à l'Opéra, où elle fit une réforme dans les costumes. Elle suivit à Londres, en 1791, le comte d'Entragues qu'elle avait épousé et fut assassinée avec lui, en 1821. — V. *Journal de Lyon*, 1783. *Petite chron.* 20 mars et 3 juillet 1783.

contre les spectacles et faisait trembler tout son auditoire. »

Ce fut à ce moment que Mme Lobreau quitta la direction,
avec les deux hommes qu'on lui avait adjoints. Elle laissait
80,000 livres de dettes, ce que les malveillants attribuaient
à un gaspillage de sa part. Mais l'autorité ne fut pas de cet
avis : Mme Lobreau fut remplacée par sa sœur, Mlle Destouches, afin que l'ancienne directrice, « *femme habile,*
écrivait M. Fay de Sathonay à M. de la Verpillière, *aidât
celle-ci de ses conseils et de son honnête expérience* (5 avril
1783). » Cependant, pour plus de garantie, on adjoignit à
Mlle Destouches un sieur Hachette de Villiers (1).

____

(1) L'*Annuaire administratif de Lyon et du département du Rhône*, publié
par la maison Mougin-Rusand, cite, à l'article Sainte-Foy, quelques
habitations renommées de ce bourg si aimé des Lyonnais, et, entre autres, la maison de campagne de Mme Lobreau, dont le propriétaire
actuel a conservé avec soin le souvenir.

« Un chemin appelé les *Etroits*, dit l'*Annuaire*, et qui a longtemps
justifié son nom, dépend de Sainte-Foy ; il suit la rive droite de la
Saône jusqu'au pont de la Mulatière ; le coteau, au bas duquel il est
placé, est décoré de plusieurs maisons de plaisance entourées de jardins
et de frais ombrages. De ce nombre est celle appelée la *Maison Grise*,
qui appartenait naguère à M. Léon Cailhava et qui fut la demeure du
célèbre sculpteur Jean Thierry ; plus haut, celle de M. Richard, surmontée d'un observatoire ; celle dite le *Château de Bellevue* couverte en
tuiles vernies ; enfin celle de M. Fougasse, qui appartenait, sous
Louis XV, à Mme Lobreau, directrice du théâtre de Lyon ; on y lit
encore cette inscription, dans le salon où elle recevait ses administrés
et les gens de lettres :

<blockquote>

« Certain proverbe dit qu'il nous est défendu

De parler corde au logis d'un pendu.

Vous qui lisez ces vers, la dame vous en prie,

Ne parlez point ici de comédie. »

</blockquote>

Mme Lobreau étant morte depuis longtemps, il nous sera permis sans
doute de dire que, dans cette villa charmante et si bien située, Larive a
joué la comédie, Fleury a récité des vers, les artistes les plus goûtés du

Mme Lobreau mourut le 5 septembre de l'année suivante. Ce jour-là, il y eut relâche extraordinaire au Théâtre :
« les comédiens crurent devoir cette marque de respect à
une ancienne et bonne directrice, qui fut regrettée de tous
et plus particulièrement des pauvres de la paroisse de Saint-
Pierre. » Saint-Aubin, régisseur d'un nouveau petit théâtre,
l'*Ambigu-Comique*, fit en l'honneur de la défunte cette épitaphe, plus élogieuse pour cette femme que si elle était
conçue en beaux vers :

> « Ci-gît, dont les vertus honorèrent Thalie,
> Qui pour plaire au public ne sut rien négliger,
> Et de tous les *plaisirs* qu'on perd avec la vie
> Ne regretta que *celui d'obliger* (1). »

---

public se sont fait entendre devant un auditoire de choix, et qu'aujour-
d'hui encore, on y peut admirer certain nombre de portraits de ces
acteurs et de ces actrices dont les noms resteront dans l'histoire de l'art.

(1) Archives mss de la ville, passim. — *Petit. chron.* — *Journal de
Lyon*, sept. 1784. — L'*Ambigu-Comique* s'était récemment établi dans
la salle Arnaud, à Saint-Clair, où l'on donnait depuis longtemps des
spectacles d'enfants et de gymnasiarques.

« Une petite troupe de 40 enfants, filles et garçons, installée à la
salle d'Arnaud, sous le nom d'*Ambigu-Comique* et sous la direction de
Frossard, maître de ballet, joue trois fois la semaine. Ils sont charmants, font courir toute la ville par l'ensemble, la précision qui règne
dans leur danse, la finesse, le tact, le bien joué avec lequel ils rendent
leurs différentes pièces qui, très-jolies, n'ont *d'autre inconvénient* que
d'être *un peu trop libres*. (Rev. du Lyonn. t. XX, *Petit. chron.* 1er mai
1784). » — Une affiche conservée aux archives donne le programme
de la réouverture de ce théâtre le 4 avril 1785 : « *Arlequin Deucalion*,
compliment de M. de Saint-Aubin, et l'*Élève de la Nature ou le Sauvage
apprivoisé.* »

Il était fort inconvenant de faire figurer des enfants dans des ballets
et des scènes grivoises. M. de Vergennes, ministre de Louis XVI, fit
cesser ce scandale en interdisant les spectacles d'enfants (Lettres du 7
juillet 1785, archives de la ville, mss. DD. Théâtre).

La première année de son administration, Mlle Destouches fut forcée de recourir à des emprunts. Plusieurs actionnaires avaient avancé des sommes considérables, et cependant la direction continuait à éprouver des pertes. Ceux-ci s'alarmèrent et voulurent être payés. Mais ils ne pouvaient l'être que par la création d'un certain nombre d'actions nouvelles, dont une partie fût employée à la désintéresser et l'autre à soutenir l'entreprise. Dans cette situation, Mlle Destouches sollicita et obtint du duc de Villeroy l'autorisation d'émettre un nombre d'actions déterminé (1), ce qui lui permit momentanément de faire face aux frais toujours croissants de la direction.

V.

Montgolfier et les ballons au Théâtre. — Les illustres visiteurs. — Mmes Vestris et Dugazon. — Cagliostro à Lyon. — Avalanches de fleurs. — Fabre d'Eglantine sifflé. — Départ de Mlle Destouches. — Le *Lycée* ou Salon des Arts. — Direction de Collot d'Herbois. — Sa correspondance et ses réformes. — Mlle Feuchère.

Avide de plaisirs et docile à tous les entraînements de la mode, le xviiie siècle, « l'âge d'or des chandelles romaines, » accueillit avec un enthousiasme incroyable les premières découvertes de la physique. Le *ballon* fut le grand divertissement de l'époque à laquelle nous arrivons.

La France entière suivit avec une attention fiévreuse

____

(1) *Lyon ancien et mod.*, t. II, p. 342 et suiv. — Un acte de société fut déposé chez Me Baroud, notaire, qui devait en recevoir le produit en qualité de séquestre. Les actions furent fixées à 500 livres chacune. Le porteur devait avoir l'entrée gratuite, le 5 p. o/o par an, et une part dans les bénéfices. (Eod. loc.).

l'ascension que fit Montgolfier à Lyon, le 19 janvier 1784. Une foule innombrable était accourue pour voir ce prodige. Les comtes de Laurencin, de Dompierre et d'Anglefort de la Porte, le prince Charles d'Aremberg-Ligne, venus exprès pour assister à cette merveilleuse expérience, enfin Pilâtre du Rozier et un M. Fontaine avaient pris place dans la nacelle à côté du célèbre inventeur. On sait que les voyageurs aériens faillirent perdre la vie (1).

Le soir, les étrangers envahirent le Théâtre où l'on jouait *Iphygénie en Aulide*. Le spectacle était commencé, lorsque l'intendant, Jacques de Flesselles, et sa femme entrèrent dans leur loge, accompagnés de Montgolfier et de Pilâtre du Rozier. Au milieu des applaudissements et des cris du parterre, on baissa le rideau pour recommencer la représentation. Puis, l'acteur Darboville, qui remplissait le rôle d'Agamemnon , présenta à l'intendante des couronnes qu'elle distribua aux sept voyageurs. Le spectacle fut repris, et lorsque M*** Clairville chanta, dans le rôle de Clytemnestre :

« Que j'aime à voir ces hommages flatteurs, »

elle se tourna vers les héros de la journée, qui furent reconduits, à la sortie du Théâtre, jusque chez le commandant, où un souper était servi. On ne cessa, pendant toute la nuit, de leur donner des sérénades (2).

Depuis ce jour, la poésie, la gravure, la chanson, le

---

(1) V. *Mém. secr.* janv., fév. et 4 août 1784, sur la fin tragique du comte d'Anglefort.

(2) *Journal de Lyon.* 19 janvier 1784.

théâtre, tout se rapporta aux ballons. L'Académie de Lyon proposa, pour la direction des aérostats, un prix dont Jacques de Flesselles et le marquis de Saint-Vincent promettaient de faire les frais. Le 9 février suivant, le Théâtre donna la première représentation du *Ballon*, ballet-pantomime en trois actes, « dédié à MM. les Lyonnais amateurs de l'*aérostate* (*sic*) ; » quelques jours après, on exécuta un autre ballet, l'*Amour dans le Globe*, où un détestable crispin figurait Montgolfier, et où l'on voyait un berger et une bergère s'enlevant dans un globe aérien. Enfin, on donna pour la première fois, le 21 février, la *Mort d'Hercule*, grand ballet héroïque, de la composition de Joubert, nouveau maître de ballets du Théâtre (1).

Le roi de Suède, voyageant incognito sous le nom de *comte de Haga*, arriva le 3 juin 1784, à quatre heures du soir, dans un mauvais « berlingot, » accompagné d'un de ses principaux officiers et d'un seul domestique. Il descendit à l'*hôtel d'Artois*, rue du Plat, prit un bain, fit sa toilette et parut le soir même au Théâtre, où l'on jouait la *Fausse magie*. On eut le soin de réclamer ses ordres pour le spectacle du lendemain ; le roi demanda *Warwick*, de La Harpe, et l'*Amant jaloux*. Le 5, il se rendit aux Brotteaux, pour assister au départ de l'*aérostat* de Fleurant, peintre lyonnais, qui avait donné à ce ballon le nom de *Gustave*, ce dont le prince fut fort touché. Fleurant fit l'ascension avec une Lyonnaise, Mme Tible, la première femme qui soit montée dans les airs. Les deux voyageurs furent présentés au roi pendant le spectacle et furent accueillis par le public avec des couronnes et des guirlandes. De

---

(1) *Tablettes chronologiques.* — *Petite chron.*, 15 fév. 1784. (Rev. du Lyon., t. XX).

toutes parts, le comte de Haga, malgré son incognito, reçut des vers et des couplets (1).

Le même été, Lyon eut la visite du prince Henri, frère du roi de Prusse, « petit homme très-laid, mais, assurait-on, plein d'esprit, » qui voyageait aussi incognito, sous le nom de *comte d'Oels*, et qui arrivait de Genève. Il alla tous les soirs au spectacle, où il y avait beaucoup de monde ; il parut même à un bal masqué, et il s'en alla, comme le roi de Suède, accablé de vers (2).

Préville jouait alors au Théâtre, ainsi que Mme Vestris (3), pensionnaire du roi, qui se faisait applaudir pour la première fois à Lyon. Dans les rôles d'*Aménaïde*, de *Gabrielle de Vergy*, de *Rodogune*, de *Phèdre*, cette actrice fit preuve d'un talent toujours décent et naturel : belle , pleine de dignité et de grâce, mais plutôt « faite pour plaire aux vrais connaisseurs que pour éblouir le vulgaire, elle charmait plus qu'elle n'étonnait ; » ce qui n'empêcha pas les dilettanti, pour se conformer à une mode devenue fastidieuse, de lui prodiguer des vers et des bouquets, comme à un simple monarque.

Quelques mois auparavant, Mlle Sainval la cadette était

-----

(1) De Viran, sous le pseudonyme d'*Andrieu*, s'écriait dans le *Journal de Lyon* :

> « O vous que l'univers contemple,
> « Prenez Gustave pour exemple.
> « Le bonheur des sujets fait la gloire des rois. »

(2) *Journal de Lyon*, 178*. — *Pet. chron.*, août 1784. (Rev. du Lyon. t. XX). — « Lyon, dit une correspondance du temps, commence à se lasser de la visite des souverains ; rien de plus ennuyeux que la peine qu'on se donne pour les voir. »

(3) Marie-Rose Gourgault-Dugazon, sœur de Dugazon et femme de Paco-Vestris (frère de Balthazar), élève de Lekain, 1746-1804. — *Journ. de Lyon*, 1784, passim.

venue « cueillir de nouveaux lauriers » à Lyon et avait obtenu un succès toujours croissant dans *Alzire* et les *Orphelins de la Chine*, dans *Inès de Castro, Didon, Ariane,* etc. Ces grandes comédiennes étaient « heureusement secondées par Chevalier et par *Collot-d'Herbois,* » qui avait abordé la tragédie et y avait « *le plus grand succès.* » Aussi, le compliment de clôture, prononcé par l'acteur Gervais, n'était-il pas déplacé cette fois, malgré la banalité de ses termes :

« L'année que nous terminons — disait-il — doit tenir sans doute le premier rang parmi les *époques heureuses* de notre théâtre. Jamais *circonstances si rares et si favorables* ne se sont succédé avec autant de rapidité pour notre gloire ; *jamais assemblée plus nombreuse et plus auguste* n'avait fait l'ornement de ces lieux (1). »

Le départ de l'intendant Jacques de Flesselles, au mois d'août suivant, mit la société lyonnaise au désespoir. On trouvait chez lui bonne table et grand monde ; en automne, on allait à Longchêne, où il donnait des fêtes et des représentations dramatiques. Le château s'ouvrait à tous les artistes célèbres, les comédiens eux-mêmes y coudoyaient les grands seigneurs : le goût du plaisir avait détruit l'ancienne étiquette, et certaine noblesse avait étourdiment compromis son blason. Terray, le nouvel intendant, qui venait de Limoges, « n'aimait pas la dépense, et sa femme, très-aimable, *donnait dans la chimie* (2). »

La chimie, le magnétisme, le baquet de Mesmer : voilà

---

(1) *Journ. de Lyon,* 1784, passim.

(2) *Pet. chron.* loc. cit. 23 août 1784. — Au début de la Révolution, Jacques de Flesselles était prévôt des marchands à Paris. Il fut massacré par le peuple le jour de la prise de la Bastille.

le dernier mot du siècle « qui avait dans le sang le virus de toutes les curiosités. » Les miracles que la médecine orthodoxe était impuissante à produire, on les demandait au charlatanisme. « Une superstition grossière, dit M. Anatole de Gallier, semble gagner tout ce qu'a perdu la foi. Parmi ces imposteurs vulgaires, conjurateurs de fantômes, chercheurs de pierre philosophale, inventeurs de panacées, Cagliostro se dégage et remue les foules presque autant que Voltaire (1). »

Déjà l'avocat lyonnais Nicolas Bergasse, célèbre surtout par le procès qu'il soutint contre Beaumarchais, et quelques médecins de Lyon, s'étaient occupé de ces questions brûlantes, lorsque, au mois de novembre 1784, Cagliostro vint préparer la fondation de la loge-mère de son rit égyptien. Le fameux aventurier ne partit que vers la fin du mois de janvier 1785 pour se rendre à Paris, après avoir fait dans notre ville un assez grand nombre de dupes (2).

Beaumarchais, que l'on vient de nommer, faisait alors, dans les journaux de Paris, une croisade en faveur des pauvres mères-nourrices et leur offrait son droit d'auteur sur les représentations du *Mariage de Figaro* à Lyon. Les idées humanitaires ne restaient pas toujours à l'état de théories. Ce fut aussi au profit des pauvres mères-nourrices

---

(1) *La vie de Province au* XVIIIe *siècle*, Paris, Rouquette, 1 vol. in-8, p. 85.

(2) *Tabl. chron.* — On publia en 1784 : *Discours sur le magnétisme*, lu dans une assemblée du collége des médecins, le 15 septembre 1784, par M. O. Rian, Dublin (Lyon) in-8. — *Aperçu sur le magnétisme animal* ou *Résultat des observations faites à Lyon sur ce nouvel agent*, par J. E. Gilibert, Genève (Lyon), in-8. — *Détail des cures opérées à Lyon par le magnétisme animal, selon les principes de M. Mesmer*, par M. Orélut, Lyon, Faucheux, in-8. — *Rapport de l'un des commissaires* (A.-L. de Jussieu) *chargé par le roi de l'examen du magnétisme animal*. Paris, veuve Hérissant, 1784, in-8.

qu'on donna, le 3 mars 1785, la première représentation de *Norac et Javolci*, drame en trois actes et en prose, de Marsollier, tiré des *Mémoires* de Beaumarchais. La recette s'éleva à 3,674 livres, que Mlle Destouches envoya au dépôt des secours (1).

Mme Dugazon (2), de la Comédie Italienne, vint pour la première fois à Lyon au mois de mai 1785. Elle joua dans *Blaise et Babet*, dans l'*Amant jaloux* et dans *Rose et Colas*. Un soir, on lui jeta d'une loge une couronne de laurier, de myrte et de roses, accompagnée de ces vers de Patrat, acteur du théâtre de Lyon et auteur du *Fou raisonnable* :

> « Toi qui fais prendre à l'art les traits de la nature,
>   Qui, par une heureuse imposture,
> Caches toujours l'actrice, et montres tour à tour,
>   Avec une aimable franchise,
>   Ou *Babet*, ou *Rose*, ou *Louise !*
> Sous des traits enchanteurs, embellis par l'Amour,
>   Tu nous séduis, tu nous maîtrises ;
>   Tu fais de nous ce que tu veux.
> Tu peins l'Amour ? nous ressentons ses flammes ;
>   Le plaisir brille dans tes yeux ?
>   Il passe aussitôt dans nos âmes ;
>   A la terreur on te voit succomber ?
>   Chacun partage tes alarmes ;
>   Et, lorsque tu verses des larmes,
> *C'est au fond de nos cœurs qu'elles viennent tomber !*
> Nous avons cru devoir, en t'offrant nos hommages,
> Mêler à ces lauriers des myrtes et des fleurs :
> La gloire, en te comblant de toutes ses faveurs,
> Ne saurait à l'amour ôter ses avantages ;
> Et lorsque tes talents gagnent tous les suffrages,
>   Tes charmes gagnent tous les cœurs. »

---

(1) *Pet. chron.*, 16 novembre 1784. (Rev. du Lyon., 2e série, t. V). — *Tabl. chron.*

(2) L. Rosalie Dugazon, née à Berlin en 1755, mourut à Paris en 1821.

L'actrice voulait s'opposer à la lecture de ces vers ; mais le public les demanda à grands cris, et ils furent lus au milieu des applaudissements de toute la salle. Cet incident détermina le prévôt des marchands (1) à publier une ordonnance, datée du 12 mai 1785, sur la police des spectacles, dont voici la teneur :

« L'abus qu'on paraît vouloir renouveler, — disait-il, — en jetant sur le théâtre des couronnes et des bouquets avec des vers à la louange des acteurs ou actrices, ne saurait être toléré. Cette manière de leur témoigner le contentement que l'on ressent peut, en effet, entraîner de véritables inconvénients ; chacun voulant s'en servir pour faire connaître son opinion, il arriverait que le spectacle serait interrompu et troublé ; il arriverait peut-être aussi que ce moyen, qui paraît innocent à celui qui ne l'emploie qu'à la louange, serait également mis en usage par l'ennemi de quelque sujet pour le mortifier aux yeux du public, quoiqu'il ne lui fût pas désagréable. Une pareille licence, si elle avait lieu, ne pourrait qu'exciter du désordre, fomenter des cabales, et arrêter les progrès de quelques sujets du théâtre, dont les talents n'auraient besoin que d'être encouragés.

« Par ces considérations, et après avoir ouï Marie-Pierre Prost, chevalier, avocat et procureur général de cette ville et communauté, nous avons ordonné et ordonnons ce qui suit :

« Art. I. — *Défendons très-expressément*, à peine de prison et d'interdiction d'entrer aux spectacles, à toutes personnes, de quelque qualité et condition qu'elles soient, *de jeter ni faire jeter*, sous quelque prétexte que ce puisse être, *sur le théâtre, aucuns papiers attachés à des couronnes, bouquets, rubans*, ou autrement.

« Art. II. — Si, malgré toute la vigilance qui sera employée, l'on ne peut découvrir les personnes qui auraient jeté aucuns papiers sur le théâtre, ils seront aussitôt ramassés pour être remis à M. le commandant, et, dans aucuns cas, ils ne pourront être lus.

« Art. III. — Défendons, sous peine d'interdiction de l'entrée aux spectacles, de demander la lecture des papiers qui auraient été jetés sur le théâtre.

« Art. IV. — Ordonnons que tous particuliers qui auraient été

____

(1) Tolozan de Montfort, qui succéda, en 1784, à Antoine Fay de Sathonay.

arrêtés pour avoir occasionné du tumulte, afin d'obtenir la lecture desdits papiers, seront emprisonnés et punis comme perturbateurs du repos public (1). »

L'été ramena les étoiles parisiennes qui avaient repris leurs tournées en province. Mlle Saint-Huberti s'arrêta à Lyon au mois de juin et, en revenant du Midi, du 28 juillet au 1er août; elle chanta dans *Iphigénie en Tauride*, dans *Alceste et Didon* : « Il faudrait être *sublime comme elle*, » disait le *Journal de Lyon*, « pour bien exprimer l'effet de ses mouvements. » Du 5 au 13 juillet, on joua le *Mariage de Figaro*, qui n'avait pas encore été représenté à Lyon. Le 18, Mlle Sainval la cadette reparut dans *Alzire* ; elle joua les jours suivants les rôles d'*Electre*, *Zénobie*, *Chimène*, *Ariane* et *Bérénice* (2). Le célèbre Volange, acteur du Théâtre des Boulevards, plus connu sous le nom de *Janot*, amusait le parterre par ses saillies. Enfin, la troupe lyonnaise avait alors dans ses rangs un jeune homme qui devait, comme Collot d'Herbois, jouer plus tard son rôle dans le drame révolutionnaire.

Fabre d'Eglantine (3), sans fortune, livré de bonne heure à lui-même, n'ayant obtenu dans la carrière poétique qu'un prix aux Jeux Floraux de Toulouse, s'était fait acteur et avait paru sur les théâtres de Besançon, de Namur et de Genève ; de là, il était venu à Lyon où le public l'avait mal accueilli. Plein d'orgueil, se sentant l'étoffe d'un auteur dramatique, Fabre résolut bientôt de se rendre à Paris pour y trouver la justification de son talent. Mais,

---

(1) *Journal de Lyon*, 1785.

(2) *Journal de Lyon*, 1785.

(3) Fabre (Philippe-François-Nazaire), né à Limoux dans le Languedoc, le 28 décembre 1755, fut exécuté à Paris, le 5 avril 1794.

avant de partir, il voulut essayer sur notre scène une de
ses pièces, dont il annonça lui-même la représentation en
ces termes :

« Puisque vous aimez à me siffler, je vous annonce que l'on va vous
donner une tragédie de ma façon, intitulée *Vesta*, et que vous pourrez
la siffler à votre aise. »

Non content de cette effronterie, le venimeux acteur se
vengea des sifflets par une satire d'un goût médiocre, où il
disait :

> « Des remparts lyonnais me préservent les dieux !...
> Le multiple Barrême, Apollon de ces lieux,
> Y bouche les esprits, de son livre bizarre,
> Et d'un frais jouvenceau compose un vieil avare.
> Contraint par son talent, si quelque jeune esprit
> Y goûte de Boileau le poétique écrit,
> Plutus le déshérite, et, grâce à l'anathème,
> Le génie est un vice et la rime un blasphème (1). »

Ce fut en 1785 que Fabre d'Eglantine se rendit à Paris.
Deux ans après, il fit jouer au Théâtre Italien son premier
ouvrage, *Les Gens de Lettres ou le Provincial à Paris*, comédie en 5 actes et en vers, qui eut une chute de scandale.

Cependant, la situation du Théâtre restait compromise.
Dans une lettre aux abonnés, Mlle Destouches exposa que
la direction payait 20,000 livres à la ville et donnait un
spectacle tous les jours de l'année, tandis qu'à l'arrivée de
Mme Lobreau, la salle ne s'ouvrait que quatre fois par semaine. Autrefois, les premiers acteurs de Paris venaient

---

(1) *Journal anecdotique*, 3e année, 1er semestre, p. 264. — *Mél. biog.
et litt.* par Bréghot du Lut, Lyon, 1828. — Bréghot du Lut répète à
son tour, avec aussi peu de fondement que les autres biographes, que
Fabre vint « *partager avec Collot d'Herbois* les sifflets des habitants. »

pour dix louis ou pour cent écus par représentation : ils exigeaient maintenant cinq cents livres. Les recettes des spectacles s'élevaient en moyenne à cent quinze ou cent vingt mille livres par an ; les abonnements étaient trop nombreux et les prix trop modérés. Les entrées de faveur étaient extrêmement nombreuses ; tout ce qui était titré ou gradé, dans l'armée surtout, réclamait sans cesse ce privilége de nature à ruiner la caisse. On dînait *tout de bon* sur la scène, et les comptes de dépenses portaient à cet article le chiffre assez respectable de vingt livres par mois (1). Le Théâtre ne recevait que le quart des recettes des spectacles de passage. Le Concert n'était pas joint à la direction du Théâtre ; la réunion serait favorable aux deux entreprises... Enfin, Mlle Destouches annonçait formellement qu'elle ne pourrait plus payer les acteurs (2)!...

Les actionnaires répondirent en parlant de *gaspillage*; ils découvrirent que la direction était de plus de 300,000 livres au-dessous de ses affaires, et ils prétendirent que les frais nécessaires pour avoir de bonnes troupes à Lyon ne devaient pas dépasser 114,500 livres par an (3). Quelques-uns d'entre eux en vinrent à des poursuites, et, au mois

---

(1) N'en déplaise à M. Henri Chabrillat, l'impresario de l'*Assommoir*, et à M. Émile Zola, l'*inventeur* du naturalisme.

(2) Lettre de Mlle Destouches aux abonnés, 1er août 1785. Arch. manusc. de la Ville, passim.

(3) Suivant eux, ces frais devaient se répartir ainsi :

1ers rôles de comédie	4,000	livres
— d'opéra comique	3,000	—
Corps de ballet	18,600	—
Orchestre	10,400	—
Employés	33,500	—
Directeur	5,000	—
Total	114,500	livres.

d'août 1785, Mlle Destouches fut obligée de se retirer. Les acteurs reconnurent les préposés nommés par M. Tolozan de Montfort : Mlle Valville, les sieurs Restier, Saint-Aubin, Chevalier et Saint-Fard ; ils se mirent en société pour continuer les représentations.

A la nouvelle de son remplacement, l'ancienne directrice se livra avec emportement à son dépit, — dont M. Tolozan de Montfort et le duc de Villeroy eurent le temps de s'entretenir dans une minutieuse correspondance ; — puis, elle partit pour Paris, où son associé, Hachette de Villiers, l'avait précédée depuis longtemps (1). La ville fit remise au Théâtre de l'arriéré du loyer, et l'année s'acheva sans secousses avec une troupe où figuraient Mme Dugazon, Fleury, de l'Opéra, et Solié, qui reçut, le 18 mars 1786, un ordre de début pour la Comédie Italienne (2).

On a vu que le duc de Villeroy attachait une grande importance à son droit presque royal de concéder le privilége du Théâtre de Lyon. La lettre suivante, qui lui fut adressée le 14 février 1786, par M. Tolozan de Montfort, s'explique nettement à cet égard :

« Pour tirer, — dit-il, — un parti vraiment utile de l'entreprise des spectacles et la conduire à la satisfaction du public, la direction doit être confiée, non pas à un danseur, à un comédien, à un musicien, mais *à des personnes honnêtes et intelligentes, réunissant les connaissances des diverses parties du théâtre*, pour ne pas sacrifier l'une à l'autre et être au contraire toujours en état d'offrir un spectacle varié, et que ces personnes n'eussent à s'occuper que de la régie qu'on leur confierait, parce qu'elle entraîne avec elle une infinité de détails assez importants pour employer tous leurs soins, toute leur autorité... »

---

(1) Arch. manusc. de la Ville. Théâtre, passim.

(2) J.-P. Soulier, dit Solié, Nimes, 1755-1812. Archiv. mss., lettre de M. Terray.

Rosambert parut remplir ces conditions et fut chargé, au
mois d'avril, de la direction pour l'année théâtrale 1786-
1787 (1). Un seul fait relatif à notre scène mérite d'être
signalé pendant cet espace de temps. Piccini, retournant à
Naples en 1787, s'arrêta à Lyon, assista à une représentation de *Didon* et fut au Théâtre l'objet d'une brillante ova-
tion.

Au moment où Rosambert était nommé directeur, le
gouvernement autorisait la création d'un *Lycée* ou *Salon des
Arts*, dont l'ouverture eut lieu le 20 avril 1786, à quatre
heures du soir, dans la grande salle du Concert, place des
Cordeliers. Les concerts furent réorganisés sous la direction
de Guillon de Loise, qui y fit exécuter des morceaux de
son opéra de *Lausus et Lydie* (2) ; Mlle Catelin y fit entendre les « ariettes de bravoure » de Mlle Saint-Huberti et, le
5 décembre suivant, on y donna la 1re représentation de
Nina, comédie mêlée de chants, de Marsollier des Vivetières, musique de Dalayrac.

Le Lycée ne se borna pas à donner des concerts : il
voulut prendre des airs d'université au petit pied. Des
cours de sciences furent inaugurés : celui de *Botanique
et de Médecine domestique*, professé par Gilibert, ancien professeur à l'Université de Wilna et médecin du roi de Po-
logne, eut lieu deux fois par semaine; le P. Estournel, mi-
nime, professeur de *Mathématiques*, et Bonnefoy, professeur
de *Physique expérimentale*, se partagèrent les autres jours de
la semaine; des cours d'anglais et d'italien furent ajoutés

---

(1) Archives mss.

(2) Guillon de Loise, poète et musicien, composa les paroles et la
musique de *Lausus et Lydie*, opéra en 3 actes, qui fut représenté en
1787 au Théâtre de Lyon. — V. *Alman. de Lyon pour l'an VI*, p. 116.
Delandine, *Catal. Théâtre*.

plus tard. Les *lectures* commençaient à cinq heures du soir, et la même salle s'ouvrait à six heures pour les concerts. Le Lycée était aussi une sorte de musée ou d'exposition permanente de tableaux, de dessins, de machines et d'étoffes. Cette excellente institution avait pour complément un cabinet de lecture, où les associés trouvaient les nouveautés littéraires (1).

Au mois d'avril 1787, on eut à pourvoir au remplacement de Rosambert qui, pendant son administration, n'avait pas donné précisément des preuves de génie.

Collot d'Herbois, qu'on a vu jusqu'ici premier acteur dramatique, était parvenu à s'introduire dans la meilleure société par son esprit, par son prestige de bon acteur, par un certain art de tourner un couplet ou de lancer un madrigal.

Sa situation d'homme marié et la modération apparente de son caractère achevèrent de gagner les suffrages et le firent désigner pour la direction, avec un traitement fixe de 6,000 livres, non compris son intérêt dans l'entreprise et un logement au Théâtre (2).

Dès le début de son administration, Collot d'Herbois prit à cœur ses fonctions et s'en acquitta avec un zèle de néophyte. Comme il écrivait facilement, il écrivait beaucoup : tantôt au secrétaire du commandement pour procurer des loges à de grands personnages, tantôt à des direc-

---

(1) *Journal de Lyon*, années 1786 et suiv., passim.

(2) Le privilége nominal des spectacles de Lyon appartenait à un sieur René Lecomte, « bourgeois de Paris, » comme il est dit dans un acte d'engagement, in-4°, aux armes du duc de Villeroy, qui est conservé aux archives de la Ville. Collot-d'Herbois y est désigné comme « *directeur préposé et intéressé dans ladite entreprise, faisant tant en son nom qu'en celui de la dame d'Herbois, son épouse* (29 août 1787)... » Les blancs sont remplis de la main de Collot-d'Herbois lui-même.

teurs de troupes foraines pour les autoriser à donner des
représentations (1). Puis, le directeur du spectacle était
tenu de présenter, tous les lundis, au commandant de la
ville le répertoire des pièces qu'on devait jouer pendant la
semaine, et de mettre cet officier au courant de ce qui se
passait au Théâtre. Aussi, une active correspondance fut-
elle échangée entre Collot-d'Herbois et M. Tolozan de
Montfort :

« Nous avons beaucoup de malades et d'embarras... » écrivait le di-
directeur (8 mai 1787). « Le chapitre des accidents se multiplie de manière à *me désespérer*. Voilà plus d'un mois que chaque jour amène un
évènement fâcheux, et cela deux minutes avant de faire l'annonce...
(14 juin). »

L'acteur Lécuyer s'était enfui à Mâcon ; le directeur demandait les ordres nécessaires pour le faire ramener à Lyon
en vertu de son engagement (5 décembre). Il entrait dans
les plus menus détails de coulisses, une contestation entre
Mˡˡᵉ Sainte-Marie et Mˡˡᵉ Olier, l'opportunité de remplacer
pour un rôle *telle* actrice par *telle* autre (23 octobre)...
Voici, à titre de curiosité, la plus intéressante des lettres
de Collot-d'Herbois qui ont été conservées aux archives de
la ville :

---

(1) Archiv. mss., 8 mai 1787 : Lettre au secrétaire du commandement, pour obtenir une loge de première, pendant quelques jours, pour
le duc de Sorentino et une dame du même rang. — Même date : Lettre à M. de Saint-Amand, directeur du spectacle d'Auxerre, pour l'autoriser à faire jouer une troupe d'enfants dans la salle d'Arnaud, rue
des Deux-Angles, à Saint-Clair.
Le directeur « des spectacles » donnait et retirait les permissions aux
directeurs des spectacles forains et de variétés, et touchait une rétribu-
tion sur leurs recettes.

« Lyon, le 31 décembre 1787.

« Monsieur,

« J'ai fait annoncer hier, pour *aujourd'huy*, le *Mariage d'Antonio*. Messieurs Saint-Robert, Simon, Guilleminot, Lamanière (1), et madame Girardin étant indisposés, c'est le seul opéra que je pouvois donner. Il ne l'a pas été depuis longtemps, il fait plaisir, et on y entend madame Darboville. »

« Je consultai, avant d'annoncer, Mlle Sainte-Marie ; elle parut contente de jouer le rôle d'*Antonio*, qui lui fait honneur. »

« Mlle Sainte-Marie jouoit *Nina* et *essuyat* (*sic*) hier du désagrément en sortant du Théâtre. Pendant son rôle, elle fit dire qu'elle ne joueroit pas aujourd'huy dans le *Mariage d'Antonio* annoncé ; elle m'envoya chercher, après la pièce de *Nina*, pour me le répéter ; je vins dans sa loge. »

« Elle étoit mécontente, chagrine ; je la consolai. Elle étoit fatiguée ; je lui offris, de ma maison, tous les secours et tous les adoucissements qui pouvoient lui être agréables ; mais j'insistai sur l'impossibilité de changer le *Mariage d'Antonio*. Alors, furieuse et oubliant *toute* honnêteté, elle me dit de sortir de sa loge ; j'en suis sorti. »

« Je ne demande pas, Monsieur, qu'elle soit punie de cette insolence ; *il n'est pas dans mes principes de faire punir une femme pour une offense personnelle* ; je rougirois devant le public que cela pût arriver... Mais, si mademoiselle Sainte-Marie refuse de jouer *Antonio*, je la dénonce pour que l'authorité la ramène à ses devoirs. »

« Cependant, Monsieur, l'affront que j'ai reçu de cette demoiselle m'a rappelé ce que je dois au titre de directeur, *à mon caractère particulier et à ma dignité de galant homme, que rien n'a flétri jusqu'à ce moment* (2). »

« Depuis que je suis chargé de la direction des spectacles, aucune attention, aucuns égards ne m'ont coûté pour maintenir un certain équilibre dans *touts* les caractères qui le composent. Au milieu d'un

---

(1) Lamanière, musicien, compositeur, de l'Académie de Lyon, mort le 28 juin 1808. V. *Bulletin de Lyon* du 2 juil. suiv.

(2) Est-ce bien sûr ? Voilà une affirmation qui est contredite par Mme Rolland dans le passage cité plus haut. Malgré les rancunes personnelles que cette femme illustre avait gardées contre le compétiteur de son mari, il serait étrange qu'elle eût inventé la condamnation dont elle parle.

nombre infini d'accidents, de contrariétés, rien ne m'a rebuté. J'ai toujours sacrifié avec plaisir ma tranquillité pour assurer celle des autres. Mais, *cette marche*, je le sens, *n'est pas celle que je devois tenir ; être mis par une pensionnaire hors d'une loge est un avertissement bien cruel.* »

« Je me propose donc, Monsieur, et *ma santé* m'en fait une loi, de charger le régisseur de tout ce qui concerne l'intérieur du Théâtre, *lui faisant connoître ce qu'il devra demander à chacun suivant ses engagements* (1). Ce sera mon devoir, Monsieur, de vous informer des infractions, et, malheureusement, j'aurai peut-être trop souvent lieu de vous importuner. »

« Un mal de gorge violent, causé par des fatigues si excessives, depuis huit jours, que je n'ay pu trouver un seul instant pour *me recommander à vos bontés*, causé encor par une insomnie continuelle, me force aujourd'huy à garder la chambre ; et je n'ay pu, autrement que par écrit, avoir l'honneur de vous informer de l'état critique où se trouve le spectacle, dans lequel votre haute prudence, Monsieur, peut seule ramener l'ordre convenable. »

« J'ai l'honneur d'être, etc.   « D'HERBOIS. »

« P.-S. — En fermant cette lettre, je reçois un billet de mademoiselle Olier, que j'ay l'honneur de joindre ici (2). Elle refuse de jouer, parce qu'elle a mal à la tête. Il faut observer que Mlle Olier n'a pas joué depuis mercredi dernier, et que, depuis ce temps, elle nous a fait connoître à tous, au Théâtre, par sa vivacité et sa gayeté, qu'elle étoit très-bien portante. Je crois pouvoir vous assurer que ceci est un caprice : elle étoit hier au Théâtre, à l'annonce. Elle a de l'humeur, parce que, pendant la maladie de madame Darboville, on ne lui a pas fait jouer beaucoup de rôles qu'elle demandoit, mais que, pour des motifs raisonnables et particuliers, on ne pouvoit lui donner. Cependant, j'ay eu l'attention de lui faire jouer la *Servante Maîtresse*, dont je pouvois disposer. Le spectacle de ce soir est peu fatiguant, et si on ne joue pas le *Mariage d'Antonio*, il faudra fermer la porte ; on ne peut substituer aucun autre opéra. »

---

(1) Collot-d'Herbois rédigea en ce sens deux projets d'ordonnances, dont la substance sera mentionnée plus loin.

(2) Voici ce billet dans sa forme naïve : — « Je préviens la direction *qui* mest impossible de jouer aujourd'huy, étant indisposée des coliques d'estomac et d'un grand mal de tête. *On* peut être persuadé de la peine que cela me fait. — OLIER. »
L'artiste récalcitrante tenait l'emploi de seconde amoureuse.

Quelles que fussent les blessures que son amour-propre eût à subir, l’attitude que prit le nouveau directeur vis-à-vis de l’autorité plut infiniment au duc de Villeroy, qui en témoigna hautement sa satisfaction dans une lettre adressée de Paris aux prévôts des marchands, le 25 octobre 1787. Il louait « *le zèle et l’honnêteté* de la nouvelle compagnie, » qui n’avait mis jusqu’alors « *aucune borne à ses sacrifices et à ses efforts pour satisfaire le public...* » et il ajoutait : « En mon particulier, Messieurs, *je serai très-sensible à tout ce que vous voudrez bien* faire pour l’avantage de cette compagnie (1). » A l’égard du public, Collot-d’Herbois usait aussi de procédés courtois; pendant sa direction, il fit preuve, en diverses circonstances, d’un esprit conciliant, et les personnes qui avaient des relations avec lui n’eurent jamais qu’à s’en féliciter (2).

Ainsi qu’il l’avait annoncé au commandant de la ville, il s’occupa aussitôt de rédiger deux projets d’ordonnances qui reçurent l’approbation de cet officier. L’un, qui concernait la *Police intérieure* du Théâtre, fixait le lever du rideau à cinq heures et demie précises, défendait l’entrée du spectacle aux enfants, à cause des cohues, aux chiens, à cause du bruit qu’ils font, aux valets et aux domestiques, parce que les spectateurs continuaient, malgré l’interdiction

---

(1) Arch. mss. de la ville de Lyon.

(2) Dans une lettre écrite au prévôt des marchands, un M. Rivat, notaire à Lyon, qui avait eu à se plaindre de quelques employés du Théâtre, s’exprime en ces termes : — « J’ai reçu hier une lettre de M. d’Herbois, remplie d’excuses sur le procédé de ses portiers. Peu après, je l’ai rencontré et *je ne puis rien ajouter à son honnêteté.* Je lui ai annoncé que je ne pousserois pas plus loin la vengeance (ce sentiment n’ayant jamais été le mien); que, de votre consentement, je dispensois ses portiers de la prison ; qu’en un mot, oubliant l’injure, je pardonnois l’offense (11 mars 1788). »

formelle, à amener leurs gens, les actrices leurs coiffeurs et leurs tailleurs, et que tout ce monde grouillant dans les vestibules pénétrait jusque dans les coulisses, qui ne devaient être abordées que par les parents des acteurs.

L'autre projet, qui traitait *des Répertoires, des répétitions et des représentations*, concernait surtout les acteurs : « Ils ne pourront, disait l'article 9, rien changer ni ajouter à leurs rôles, complimenter le public, lui adresser la parole, ni lire aucun écrit jeté sur le théâtre, sans notre permission expresse (1). »

Ces mesures d'ordre une fois prises, le directeur s'occupa d'une autre amélioration qui, dans sa pensée, devait augmenter ses bénéfices, et qui avait été jusqu'alors obstinément repoussée. Grâce à son influence, il obtint de construire, à ses frais, un quatrième rang de loges dans la salle de spectacle, par suite d'un traité passé avec le consulat le 21 février 1788, et ce travail fut exécuté, pendant la quinzaine de Pâques, par Morand, architecte du Théâtre. Mais une ordonnance royale du 27 mars suivant fixa le prix des places à 2 livres pour les deuxièmes loges, 1 livre 10 sols pour les troisièmes et 1 livre pour les quatrièmes, de sorte que cette innovation ne contribua guère à l'augmentation des recettes (2).

L'année théâtrale reprit son cours avec le printemps. La troupe avait fait de nouvelles recrues, parmi lesquelles il faut citer Joly et Dubus, jeunes premiers rôles de comédie, Mme d'Ocquerre, qui jouait les reines et les mères nobles, et Mlle Feuchère, les forts premiers rôles et les coquettes.

Adélaïde-Thérèse Feuchère était une élève de Molé,

----

(1) Ces deux documents sont écrits en entier et signés de la main de Collot-d'Herbois. — V. Arch. mss. de la Ville.

(2) Arch. mss. de la Ville, passim.

qui l'avait fait débuter, en 1783, à la Comédie-Française, à
l'âge de quinze ans. Les critiques s'étaient plu à reconnaitre
le naturel, la vivacité et la grâce de la jeune et séduisante
actrice. Mais un léger défaut de prononciation, qui était
sans doute un charme pour ses admirateurs, l'empêcha
d'entrer à la Comédie. Elle accepta un engagement à
Stockholm dont elle fit pendant quatre ans « les délices, »
jusqu'au jour où le Théâtre de Lyon se l'attacha (1).

VI.

Grimod de La Reynière. — *Lettre à Mercier* ou *Tableau de Lyon en 1788.*
— Les femmes, la société, le luxe et la table. — Mme Dugazon et
l'hôtel de Milan. — Mme Feuchère-Grimod. — Grétry à Lyon. —
Collot-d'Herbois fut-il sifflé? — Contradiction de La Reynière. —
Les comédiens sous l'ancien régime. — Le théâtre révolutionnaire.
— Les *Célestins.* — Dans l'avenir.

Au mois de juillet 1788, une chaise de poste amenait à
Lyon un étrange personnage, coiffé d'un énorme toupet (2),
le nez recourbé en bec de perroquet et l'un des bras terminé par un moignon et une sorte de patte d'oie dissimulée
par un gant à ressort. C'était Balthazar Grimod de La Rey-

---

(1) Arch. mss. de la Ville. — V. *Grimod de La Reynière et son groupe,*
par M. Gustave Desnoiresterres, 1 vol. in-18, Didier.

(2) Une chanson à son adresse disait :

> Changez-moi cette tête,
> Cette *grimaude tête,*
> Changez-moi cette tête,
> *Tête de hérisson...*

nière (1), le plus fameux des originaux et des mystificateurs de son temps. Fils d'un fermier général de Paris, — qui était originaire de Lyon et qui avait épousé Mlle de Jarente, sœur de Malesherbes et nièce de l'évêque d'Orléans, — Grimod assez abandonné à lui-même dans son enfance, avait été élevé par Mlle Quinault la cadette, « fille de beaucoup d'esprit qui joignait un excellent cœur à un très-grand usage du monde, » et qui avait passé sa vie « dans la meilleure compagnie de la cour et de la ville, avec les hommes de lettres les plus célèbres du siècle. » Une autre gloire de la scène française, Mlle Luzy, avait pris l'enfant sur ses genoux et s'était amusée de ses saillies : on devine quelle influence avaient exercée sur le jeune homme l'institutrice par occasion et la célèbre actrice lyonnaise. Il avait pris dans ces fréquentations d'artistes la passion du théâtre et le goût de l'excentricité poussé jusqu'à l'invraisemblance; si bien que le fermier général, fatigué de la prodigalité de son fils et du scandale qu'il faisait autour de son nom, avait fini par obtenir contre lui une lettre de cachet, en vertu de laquelle le baron de Breteuil l'avait fait séquester à l'abbaye de Domèvre, près de Nancy.

En 1776, après sa délivrance, Grimod était venu passer six semaines à Lyon, où il avait « encore quelques parents et beaucoup d'amis. » Voulant « profiter de son séjour dans cette *ville célèbre*, pour payer *un faible tribut de sensibilité à ses aimables citoyens*, » il s'était mis à écrire divers morceaux de

---

(1) Alexandre-Balthazar-Laurent Grimod de La Reynière était né à Paris le 20 novembre 1758 ; il mourut en 1838. — V. *Grimod de La Reynière et son groupe*, par M. Gustave Desnoiresterres, 1 vol. in-18. L'auteur de cet ouvrage a mis à profit une série de lettres dont la *Revue du Lyonnais* a entrepris la publication en 1855, sous le titre de *Lettres inédites de Grimod de la Reynière à un Lyonnais de ses amis*. Ces lettres sont fort longues et traitent des sujets les plus variés.

prose et de vers, parmi lesquels se trouvaient une épitre fort déclamatoire, « *A Monsieur de la Rive, pensionnaire du roi*, » que l'auteur prétendait

> Trop chéri des mortels pour être aimé des dieux,

et une *Lettre à Mercier*, auteur du *Tableau de Paris*, qui « voulait savoir son sentiment sur la ville de Lyon. » Mais ces fragments ne devaient être achevés et paraître que plus tard, avec ses *Idées* sur les poètes dramatiques, sous le titre de « *Peu de chose*, hommage à l'Académie de Lyon (1). » Les relations que La Reynière eut à Lyon avec Collot-d'Herbois, qu'il cite dans sa *Lettre à Mercier* comme étant directeur du Théâtre, ne purent être antérieures à l'année 1788 (2).

Avocat au parlement de Paris, Grimod avait quitté le palais peu de temps après ses débuts, par suite d'un amour contrarié pour une cousine qui fut depuis Mme Mitoire, et s'était jeté dans la bohême littéraire. Grand-prêtre d'une association gastronomique, connue sous le nom de *Déjeûners philosophiques*, dont il avait été l'organisateur et où Mercier et Rétif de la Bretonne coudoyaient des écrivains comme Andrieux et Beaumarchais, des poètes comme Fontanes et

---

(1) *Peu de chose*, hommage à l'Académie de Lyon, par Grimod de La Reynière, 1788; Neuchâtel et Paris, broch. in-8°, 64 p. L'auteur dit dans sa préface : « Cette ville, par les honneurs qu'elle rend aux talens dans tous les genres, a toujours inspiré aux poètes les sentimens nécessaires pour les bien célébrer. »

(2) M. G. Desnoiresterres ignore que Collot-d'Herbois ne fut directeur du théâtre que depuis 1787, lorsqu'il dit, dans son livre si consciencieux, que Grimod, pendant son séjour à Lyon en 1776, écrivit la *Lettre à Mercier* et se lia avec Collot-d'Herbois.

Joseph Chénier (1), notre excentrique s'était mêlé de plus
en plus au monde des coulisses, et avait tenu la férule du
critique dans la *Lorgnette philosophique* et dans le *Journal des
théâtres*. Il passait pour un des aristarques les plus écoutés,
lorsque, à l'époque à laquelle nous sommes arrivés, il lui
prit fantaisie de venir créer à Lyon une maison de commerce (2).

On vit, en effet, s'établir dans la rue Mercière une sorte
de bazar où l'on trouvait de l'épicerie, de la droguerie et
même une fabrique de *broderies en tous genres*, avec cette
enseigne :

AUX MAGASINS DE MONTPELLIER
Grimod et Ce.

Le négociant improvisé avait trente ans. Subissait-il une
vocation tardive et irrésistible ? Cédait-il à quelque attraction d'un autre genre ? Suivait-il, comme le suppose un spirituel écrivain, M. Ch. Monselet, « l'exemple recommandé
par Sedaine dans son personnage du *Philosophe sans le savoir*, ce
négociant gentilhomme, qui enfouit ses titres dans un tiroir

----

(1) Le fameux festin donné le 1er février 1783, en l'honneur de la
mort de Mlle Quinault, fut un mélange inouï de cérémonies funéraires
et de bouffonneries. Chaque invité reçut une lettre commençant
ainsi :

« Vous êtes prié d'assister au *convoi et enterrement d'un gueuleton* qui
sera donné par Messire Alexandre-Balthazar-Laurent Grimod de La
Reynière, écuyer, avocat au Parlement, en sa maison des Champs-
Élysées... »

La salle du festin était tendue de noir et chaque convive avait un
cercueil derrière lui. Cette lugubre parodie fit tant de bruit, qu'on en
donna, le 12 février suivant, une répétition à laquelle, dit-on, de grands
personnages assistèrent incognito.

(2) Ce fut à Lyon, en novembre 1789, que Grimod apprit la révo-
cation de sa lettre de cachet.

jusqu'au jour où, par son travail, il pourra leur rendre leur premier lustre (1)? Etait-ce de la sagesse ou un regain d'excentricité, qui faisait du viveur parisien un marchand de denrées coloniales? La réponse serait difficile à faire. Il vaut mieux se reporter à ce que La Reynière écrivait au dramaturge Mercier, « ce philosophe courageux et sensible qui avait peint avec tant de grâce et d'énergie les travers et les ridicules » parisiens. Cette lettre, qui était destinée à faire le pendant du *Tableau de Paris*, pourrait s'intituler à son tour : *Tableau de Lyon en 1788* (2).

L'enthousiaste auteur pense de notre cité « *ce qu'un amant pense de sa maîtresse...* » Il vante « l'agrément de la ville, la beauté de ses monuments, l'étendue de ses *superbes* quais, la *propreté* de ses rues, l'excellente administration de ses hôpitaux, l'ordre admirable qui règne dans sa police » :

« Les *rues* sont aussi sûres la nuit que le jour; et, quoique le nombre des préposés à la sûreté publique soit infiniment limité, les désordres y sont extrêmement rares pour une population qui excède 200,000 habitants. Les *marchés* sont propres et bien fournis, et de sages lois empêchent les monopoleurs d'affamer, par une activité coupable, le citoyen pauvre qui mesure sa subsistance au produit de son travail... »

« Cette ville est tout entière au *commerce*, et c'est peut-être à l'activité qu'il commande qu'elle doit ses vertus.... Si les fortunes y sont moins excessives (qu'à Paris), les besoins y sont moins impérieux... »

« De cette activité qui se porte à tous les endroits de la ville, il résulte un tableau fait pour intéresser l'observateur. A Paris, on court, on se presse, parce qu'on y est oisif. Ici, l'on marche posément, parce que l'on y est occupé. Le négociant, le marchand, l'artisan, l'ouvrier, tous songent à leurs affaires en les faisant. Tous portent sur leur visage l'empreinte de la réflexion, et l'on voit que si leur intérêt les occupe, cet intérêt n'est pas fondé sur le malheur des autres. *Le commerçant doit aimer sa patrie, le rentier n'aime que lui-même.* »

---

(1) *Gastronomie*, par M. Charles Monselet, 1 vol. in-18.

(2) C'est ce qu'a fait Léon Boitel en rééditant cette pièce curieuse en 1843 (tirée à 100 exemplaires in-8o.)

Serait-ce par patriotisme que Grimod avait dépouillé le rentier pour revêtir le commerçant ?... Mais passons :

« *L'industrie* est poussée ici au *dernier degré de perfection*. La main-d'œuvre y est à bas prix, et l'on y exécute des ouvrages admirables avec des sommes modiques. L'ouvrier se contente d'un léger bénéfice : le fabricant aime mieux accroître modérément ses fonds par une prompte circulation, que d'essayer de les doubler par les risques inséparables d'une longue attente. Les affaires s'y font avec une promptitude, une confiance, *une bonne foi, que je n'ai vues qu'ici*, et qui peut-être ne pourraient exister ailleurs. Les faillites y sont très-rares, et plutôt l'effet du malheur que l'ouvrage de la cupidité : enfin, l'on peut dire que si le *dieu du commerce* a fondé à Lyon son principal *temple*, il n'y est honoré *que par des mains pures* et n'y reçoit *que des victimes sans taches*. »

Malgré ce lyrisme au sujet du commerce, il ne faudrait pas croire que le lettré, le voluptueux excentrique fût complètement mort chez La Reynière au moment où il écrivait ces lignes (1).

« Si nous passons à l'état des *sciences*, des *lettres* et des *arts*, vous serez surpris de leurs progrès au milieu des calculs de l'intérêt et des soins du négoce. Le Lyonnais a naturellement de l'esprit; il conçoit facilement, il s'exprime avec grâce ; il a pour les étrangers cette affabilité qui naît d'un cœur confiant et facile, et qu'il faut distinguer de cette politesse étudiée, masque d'une âme stérile qu'on donne et qu'on prend si souvent à Paris pour un véritable intérêt... »

« (Cette ville) renferme un grand nombre de savans et de littérateurs illustres... Les gens de lettres les plus célèbres de la capitale sont au nombre de ses associés (2), et les noms des académiciens résidens prouvent combien l'on chérit et l'on cultive à Lyon les arts, les sciences et la littérature. »

---

(1) Il venait d'ouvrir à Lyon une souscription pour la publication d'un ouvrage qui devait avoir 4 vol. in-8º, des *Considérations sur l'art dramatique*. Cet ouvrage n'a pas paru.

(2) Entre autres, Thomas, Ducis, l'abbé Morellet.

N'oublions pas que l'auteur dédiait sa brochure à l'Académie de Lyon. Mais il n'est pas moins galant pour les Lyonnaises que pour la docte compagnie :

« Le *sexe* est ici *beaucoup plus beau qu'à Paris*. Les femmes y ont *de la fraîcheur*, de la grâce et de cette finesse qui rend aimable jusqu'à la laideur. Leurs yeux sont très-expressifs, leurs gestes animés, leur langage doux et séduisant; elles annoncent, dès leur plus tendre enfance, un esprit très-actif... Elles paraissent aimer beaucoup la parure, mais plus encore la propreté; c'est donc en elles moins un projet de séduire qu'un besoin de plaire, qui relève le prix des autres vertus quand il est, comme ici, contenu dans les bornes de la décence. Les ménages y sont très-unis... »

Impossible d'être plus flatteur! Il est vrai que les femmes de la province étaient mieux conservées que celles de Paris; elles menaient une vie moins dissipée et faisaient un usage plus rare ou nul du rouge, qui gâtait vite le teint. Quant aux vertus domestiques, « la corruption du siècle, très-intense sur certains points, ne les avait pas ébranlées aussi profondément qu'aujourd'hui dans la masse de la nation, et l'on s'exposerait à commettre de singulières erreurs en jugeant toute une époque d'après quelques scandales éclatants du grand monde (1). » Les Lyonnaises, bien élevées dans quelque couvent, comme le prieuré de Saint-Benoît, situé quai Saint-Vincent, gardaient généralement le respect du lien conjugal et le goût de la vie de famille. « Dans les hôtels du quartier Bellecour, bâtis par une noblesse généralement récente, à l'aide des richesses amassées aux générations précédentes dans le commerce, morcelés et disparus aujourd'hui devant la cherté croissante des em-

____

(1) *La vie de province au* XVIIIe *siècle*, par M. Anatole de Gallier, page 48.

placements et les grandes percées de l'édilité du second
Empire, la vie mondaine était tempérée par une sévérité
quelque peu janséniste et une simplicité native de mœurs
à laquelle la dignité ne perdait rien (1). » Grimod cite avec
admiration Mme Regny, femme du trésorier de la ville, qui
avait allaité ses huit enfants, ce qui était rare alors, et
poussé la charité jusqu'à céder sa maison et son propre lit à
de pauvres malades.

Pourtant, le luxe et le goût du plaisir faisaient « à Lyon,
comme ailleurs, de très-grands progrès. » Ils se donnaient
libre carrière sur le terrain neutre des réceptions officielles,
chez le commandant, chez le prévôt des marchands ou l'intendant de la province (2). Mais c'était « plutôt un luxe de
commodité que d'ostentation. » Tout le monde était vêtu
« avec beaucoup d'élégance ; les classes même les moins
opulentes s'annonçaient par un extérieur très-séduisant (3). »
Les femmes avaient leurs coiffeurs et leurs tailleurs attitrés;
Bordas, tailleur et magasinier du Théâtre, faisait « des *corps
à l'anglaise* pour les dames de distinction, » et avait mis à
la mode le *corps à la grecque*. Les fourrures étaient surtout
en grande vogue, et il était de bon ton d'arriver au spectacle vêtue des plus belles et des plus rares, et de les dépouiller peu à peu pour en étaler les richesses (4).

---

(1) *La vie de province*, p. 25.

(2) « A l'occasion de son entrée en charge, M. de La Verpillière
donna un magnifique bal costumé, où l'on avait adopté les modes de la
cour de Louis XIV et qui donna lieu à beaucoup d'intrigues et de riva-
lités entre les belles dames appelées à y figurer. Tous les jours, il faisait asseoir à sa table plus de cinquante personnes, avec la plus grande
chère du monde. » (*La vie de province*, p. 26).

(3) *Lettre à Mercier*.

(4) « Dupré, natif de cette ville, élève du sieur Pilloir, habille coëf-
feur pour dames. » — « Le sieur Bordas, tailleur en chef de la Comé-

Le gastronome émérite, le futur auteur de l'*Almanach des Gourmands* ne pouvait oublier la table. C'est avec conviction qu'il poursuit :

« *L'éclat de la garde-robe ne nuit point à la solidité de la cuisine.* Les tables sont servies avec abondance et délicatesse, les maîtres en font les honneurs avec plaisir, les femmes avec grâce ; et l'on voit, à la gaîté qui y règne, que ce plaisir n'est point factice et que cette grâce n'est pas étudiée. »

« Le *souper* paraît être ici le repas le plus agréable ; toutes les affaires étant finies avec le jour, chacun se livre plus volontiers à la joie de se retrouver ensemble. D'ailleurs, la lumière inspire une certaine ivresse, que le soleil le plus brillant ne produit jamais... J'ai assisté à quelques-uns de ces soupers, et je vous avoue que je les préfère aux plus brillants de la capitale. Il y règne une aisance, une aménité, un ton de bonhomie qui n'exclut ni les grâces, ni la saillie, ni même l'épigramme ; mais son tranchant est émoussé par la gaîté... »

---

die, loue tant pour les Bals du Théâtre que pour ceux de la Ville, de très-beaux dominos et habits de caractère. Il vend des gants et des masques ; on le trouvera tous les jours chez le sieur Garnier, près de la Comédie, au *Café d'Apollon* (*Affiches de Lyon*, 1761 et 1763). »

La vogue de la martre zibeline, de l'hermine, du petit gris, du loup cervier, de la loutre, est indiquée dans les *Etrennes fourrées dédiées aux jeunes frileuses*. (Genève, 1770). Voici de curieux détails sur les costumes d'hommes :

« Le sieur Rey, maître tailleur, fournit l'habit complet de velours ras à 3 poils, doublé de soie, à 250 liv.; l'habit de velours *à la Reine*, doublé de soie, 165 liv.; le surtout complet de drap de Silésie, doublé en coton, 60 livres. L'habit de camelot poil, doublé de soie, à boutons et *jartières* d'argent, 120 livres. L'habit de *Péruvienne*, complet, doublé de soie, 130 liv. Le surtout de camelot mi-soie, complet, doublé en toile de coton, 53 liv.; le surtout complet de camelot écarlate, doublé de toile blanche, 42 liv.; veste de *cirsakas*, en dorure et nuances, doublée en toile de coton, 30 livres ; veste de coton, en dorure et nuances, doublée de toile, 12 liv.; redingote à l'*Ecuyère*, veste et culotte, de camelot mi-soie, galonnées d'argent avec les *jartières* de même, 70 livres. — Pour la livrée, surtout, veste et culotte de *Maroc* croisé, doublés de toile, sans les boutons, 38 livres (*Affiches de Lyon*, 19 avril 1761). »

Il essaya même de renouveler à Lyon les fameuses aga-
pes parisiennes. A son arrivée, il était descendu à l'*Hôtel de
Milan*, « la meilleure *auberge* » de la ville ; là, avec quelques amis, Grimod prolongeait « l'orgie souvent jusqu'au
jour » et trouvait moyen « sans vin, sans scandales, sans
femmes, de passer des nuits fort agréables. » Au nombre
des convives, il y avait « ce petit gueux d'abbé Barthélemy,
de Grenoble, » un original, auteur de la *Grammaire des
dames* et de la *Cantatrice grammairienne*, qui était « charmant
à mystifier » et parfaitement à sa place dans ces soupers
moins attiques que divertissants. Quant au chevalier Aude,
ancien secrétaire de Buffon, auteur de *Cadet-Roussel* et de
Madame Angot, c'était un homme d'esprit, d'un commerce
agréable, « doué d'une mémoire admirable, d'une sensibilité exagérée, d'une vaste littérature et d'un goût assez délicat. Il faisait le charme des conversations par sa gaîté, son
savoir, son imagination vive et poétique, et la variété de
ses connaissances ; » malheureusement, « le goût de la
crapule avait tout étouffé dans son âme. »

La Reynière parle aussi d'un comte de L... qui avait été
élevé, comme lui, sur les genoux de la Comédie-Française
et qu'il avait retrouvé à Lyon. On donna d'autres soupers à
la *Croix de Saint-Louis* : « Le petit abbé y était encore,
mais N. et le chevalier Aude n'y étaient plus. » Jacques
Pitt, docteur en médecine, plus tard rédacteur du *Journal
de Lyon*, les avait remplacés. « Les dames y étaient ad-
mises, les ris immodérés en étaient bannis, le ton était
moins brusque, plus décent. Mais on pouvait s'y amuser
encore (1). »

Grimod haïssait le jeu, « *cette invention née pour mettre*

____

(1) *Revue du Lyonnais*, 1er mars 1856, t. XII, p. 250. (*Lettre de Grimod de la Reynière à un Lyonnais de ses amis*, Béziers, 26 août 1793). —

l'homme d'esprit de niveau avec les sots, ce puéril ou dangereux emploi du temps, qui fait perdre les plus belles heures du jour à remuer de grossières images, ou qui mine en peu de temps les fortunes les mieux établies. » Le jeu fut une des plaies du xviiie siècle. A Lyon, les cartes avaient long-temps tenu la première place dans les salons, chez le prévôt des marchands lui-même (1), et des jeunes gens de famille s'étaient ruinés dans le meilleur monde. Mais cette passion s'éteignit peu à peu. Lorsque Grimod écrivait, ce n'était plus « qu'un usage auquel on n'osait pas encore se soustraire » :

« On joue. — dit-il, — pour s'amuser; mais joue qui veut. Dans une assemblée de quinze personnes, je n'ai vu que deux tapis verts, et leurs acteurs même prenaient souvent part à la conversation. »

Il n'était pas inutile de faire connaître les appréciations du bienveillant critique sur la société lyonnaise au milieu de laquelle il allait vivre. D'ailleurs, les citations qu'on vient de lire peuvent servir de cadre à ce qu'il dit du théâtre de Lyon.

« Le spectacle, — dit Grimod de La Reynière, — est ici (à Lyon) le principal et presque le seul amusement ; c'est le rendez-vous diurne de tous les gens occupés; c'est là qu'ils viennent se délasser l'esprit et lier pour le soir quel-

---

Grimod de La Reynière et son groupe, par G. Desnoiresterres. — Jacques Pitt, né à Montbrison vers 1746, mort à Lyon le 2 janvier 1803, de l'Académie de Lyon.

(1) « Il dut y avoir hier à l'Hôtel-de-Ville un petit trente et quarante, à la suite du vingt-un. M. de la Verpillière a promis de faire cesser tous ces jeux de hasard après le mardi gras ; mais il serait bien difficile de l'arrêter dans toute sa force. D'ailleurs, le profit des cartes est trop considérable pour qu'on l'abandonne. (Lettre s. d.; écrite vers 1770, citée par M. A. de Gallier dans *La vie de province,* p. 35). »

ques soupers aimables. Ce spectacle présente un bon ensemble ; mais vous savez que l'opéra comique a chassé
Melpomène et Thalie de presque tous les théâtres de province. Le public, qui fait de la comédie plutôt une récréa-
tion qu'une étude (1), préfère une jolie ariette, bien chan-
tée, à une belle tirade, quelquefois mal rendue. *Je suis trop
poli pour décider*, à Lyon, *qu'il ait tout à fait tort* ; mais je
gémirai avec vous sur ce goût exclusif, qui ne permet plus
aux sujets de se former, et qui amènera tôt ou tard la déca-
dence de l'art. »

On voit que l'homme de goût, le classique, qui avait été
presque bercé au bruit des hexamètres, qui allait publier, à
ce moment même, des *Idées* souvent neuves et parfois très-
fines sur nos grands poètes dramatiques (2), croyait devoir
s'élever, malgré tout le désir qu'il avait de rester indulgent,
contre les progrès de la littérature facile qui envahissait
déjà la scène. Il achève ainsi :

« Afin de contenter tous les goûts, il a donc fallu faire
ici marcher de front les trois genres : la déclamation, le
chant et la chorégraphie. Ces deux dernières parties du spectacle laissent peu de chose à désirer : la première offre

---

(1) Le *Bulletin de Lyon*, du 31 décembre 1806, dira du même public :
« Le Lyonnais ne se hâte pas de prononcer ses jugements. Il n'est
point enthousiaste aveugle, ni prévenu ; il écoute, il examine ; mais
quand il a reconnu le mérite, il se plaît à lui rendre justice entière... »
On peut rapprocher de cette appréciation celle que Laffitte a mise dans
la bouche de Fleury : « Le public de Lyon ne m'accueillit ni trop mal,
ni trop bien, *en public qui attendait. Terrible parterre* que celui de la seconde ville du royaume ! » (V. plus haut, chap. III.)

(2) Les *Idées sur Corneille, Molière, Racine, Crébillon, Regnard et
Piron* font partie du recueil publié sous le titre de *Peu de chose*. Elles
sont pleines d'aperçus nouveaux pour le temps où elles parurent, la
critique n'ayant pas encore reçu le développement qu'elle a pris de nos
jours. On ne les a jamais rééditées.

plusieurs sujets remplis de zèle et d'intelligence, et auxquels il ne manque que de bons conseils et plus d'encouragements pour développer des talents très-réels et faits pour honorer l'art dramatique.

« Le directeur, M. *Collot-d'Herbois*, est *votre ami*; **ce** mot renferme son éloge et me dispense de vous répéter *combien il est fait pour être celui de tous les gens de lettres, par les qualités de son cœur et de son esprit.* »

Voilà qui est charmant : pas une ombre au tableau ! Des compliments à tout le monde. Il faut croire qu'ils étaient mérités... Mais, d'où pouvait venir chez le critique cette disposition à la bienveillance universelle ? Il était sans doute à ce moment psychologique où le bonheur intime déborde et s'épanche au-dehors.

Lié avec le directeur et la plupart des artistes, Grimod adressait une *Epître à Madame d'Ocquerre* (1) et des *Stances irrégulières à Madame Dugazon*, qu'un « heureux hasard avait placée dans un appartement voisin de celui qu'il occupait à l'*Hôtel de Milan*, et qu'il avait entendu se plaindre de la multitude des hommages » qu'elle recevait (2). C'est

---

(1) *Epître à Madame d'Ocquerre*, première actrice du théâtre de Lyon, par Grimod de La Reynière, 1788, feuille volante sans indication de lieu et d'impression (mentionnée par M. G. Desnoiresterres, op. cit.)

(2) Voici les *Stances* à la Dugazon :

Charmante Dugazon, vous n'aimez point les vers,
Un éloge flatteur n'a plus rien qui vous touche;
Et ce terrible arrêt, sorti de votre bouche,
 Va la fermer à mille amans divers.

J'approuve ce dégoût et surtout en province;
L'ennui vous fait gémir sous le poids des lauriers,
Et pour vous tous les jours l'embarras n'est pas mince
De répondre à la voix de tant de chevaliers.

Hardis profanateurs du vrai culte des belles,
De leur stérile encens vous craignez la vapeur;

à ces vers que le chevalier Aude faisait allusion lorsqu'il
écrivait à l'auteur qu'il était :

Ils ignorent, hélas ! dans leur sublime ardeur,
Que pour peindre Alexandre il fallait être Apelles.

Je n'imiterai point cette témérité.
A quoi bon vous conter que vous êtes jolie ?
Bonne ? sensible ? douce ? admirable ? accomplie ?
Cet éloge, en leurs vers si souvent répété,
Est-il plus amusant pour être mérité ?

Non, non, tous ces discours n'ont rien qui persuade
Un talent trop réel pour se croire parfait ;
Et ces adulateurs, par leur jargon maussade,
*   Vous rendront fâcheuse et malade ,*
Et vous feront d'ici déserter tout à fait.

Pour moi qui n'ai jamais soupiré pour vos charmes,
Dont l'insensible cœur ne sait rien adorer,
A mes faibles accents livrez-vous sans alarmes ;
Je ne puis que vous plaindre et non vous admirer.

*   Je vous plains donc d'être aimable et jolie ;*
*   De savoir plaire et de savoir charmer ;*
*   Et si d'aimer vous faisiez la folie,*
*   Je vous plaindrais de savoir trop aimer.*

*   Babet, Nina n'ont rien qui m'intéresse* (a) ;
*   Un délire aussi doux ne va point jusqu'à moi ;*
*   Sourd à leur voix enchanteresse,*
*   J'aime mieux rire alors que je vous vois.*

*   Ah ! de votre gaîté folâtre*
*   Conservez bien les charmes séduisans.*
*   Je n'aime point au Lyrique-Théâtre*
*   A m'entourer de lugubres accents.*

*   Que la plaintive Melpomène*
*   Etale autour de moi ses tragiques douleurs ;*
*   Des Ris et des Amours Dugazon est la reine,*
*   Et, pour enlever tous les cœurs,*
*   Elle n'a pas besoin de quitter son domaine.*

(a) L'auteur n'aimait pas les larmes dans l'opéra comique, qu'il considérait comme « le dernier asyle de l'enjouement. »

> Craint des mauvais acteurs, connu des bons poëtes ;
> Cité dans les foyers par le plus joli ton ;
> Par des mémoires aux buvettes,
> *Par de bons vers chez Dugazon,*
> Par des mots heureux chez Ninon,
> En Suisse par des amourettes,
> Dans Athènes par la raison,
> Et dans Lyon par des emplettes...

Pourtant, ce n'était ni Mme d'Ocquerre, ni Mme Dugazon qui possédait le cœur de notre original; le ton même des *Stances* adressées à cette dernière prouve qu'il n'avait « jamais soupiré pour ses charmes. » Les initiés du monde qu'il fréquentait ne prenaient point le change et chuchotaient le nom de la sémillante Mlle Feuchère. Un homme d'esprit, demeuré inconnu, composa même, à cette occasion, une satire intitulée : *Avis d'un Bonhomme à M. Grimod* (1), dans laquelle il plaisante assez méchamment le critique sur son optimisme et sur sa passion. « Grimod, disait-il,

> Grimod, tes vers valent moins que ta prose,
> Et cependant ta prose ne vaut rien.
> Pour titre à tes écrits mets toujours : *Peu de chose.*
> Ce titre heureux les désigne trop bien.
> Des Lyonnais tu vantes le génie,
> *Partout tu trouves de l'esprit*
> *Et jusque dans l'Académie,*
> Où Delandine écrit, récrit (2)
> Ce qu'avant lui d'autres ont dit,
> Où de Bory (3) comme toi versifie,

---

(1) Citée par M. G. Desnoiresterres, qui mentionne encore une pièce intitulée : — *Consolation à Mademoiselle Feuchère*, pour la consoler de ce que, depuis qu'elle est à Lyon, elle n'a pas encore réuni sur son talent, comme elle l'a fait sur sa personne, l'universalité des suffrages. Demi-page in-8°.

(2) Bibliothécaire de la ville de Lyon, auteur de l'*Enfer des peuples anciens*.

(3) De Bory, commandant de Pierre-Scize.

> Où Potot fut, dit-on, introduit
>   Par une escroquerie,
> Où tu le seras si tu veux,
> Vu que pour t'asseoir avec eux
> *Tu fais si bien tes preuves d'ânerie* :
> Je parle ici de ce goût épuré
>   Qui de la *glaçante Feuchère*
> *Nous prône par extrait le talent ignoré.*
> Passe encor de louer les vertus d'Ocquerre,
>   A ses talens de bon cœur j'applaudis.
>   Sa taille svelte et sa marche légère,
>   A mon esprit rappellent Eucharis ;
>   De sa figure, et si mâle et si fière,
> L'amante de Dunois n'eut pas les traits hardis.
>   Console-toi, mon pauvre La Reynière,
> La cruelle bientôt couronnera tes feux,
> Bientôt de l'Affecteur le secret merveilleux
> La reproduira vierge aux héros de Cythère.

Mais l'inflammable Grimod était trop épris pour se laisser désarçonner par des rimes ; il ne quittait plus le théâtre. On jouait les *Deux amis* ou le *Négociant de Lyon*, drame en 5 actes et en prose, de Beaumarchais. Larrivée donnait des concerts. Pendant le séjour des ambassadeurs de Tipoo-Saïb, M. Tolozan de Montfort les conduisit au spectacle, malgré la chaleur caniculaire : on donnait la *Mélomanie*. Le lendemain, après le départ d'un ballon lancé en leur honneur par l'aéronaute Fontaine, ces personnages entendirent Mme Dugazon dans *Rose et Collas* et dans *Annette et Lubin* (1). Sourd et aveugle pour tout ce qui n'était pas sa maîtresse, La Reynière prônait son jeu, son esprit et sa beauté dans les journaux où il avait accès. Bref, et pour en finir avec cette idylle de coulisses, il lui fit une demande en bonne forme, que la coquette ne repoussa point, malgré les difformités de son amoureux. La famille de La Reynière vou-

______

(1) Répertoire lyonnais. — *Journal de Lyon*, 1788.

lut s'opposer à cette union ; les pourparlers traînèrent deux
ans ; puis, le mariage eut lieu le 4 septembre 1790.
Mlle Feuchère, devenue Mme Grimod, quitta complétement
le théâtre, et les de La Reynière acceptèrent le fait accompli.

Le passage à Lyon de l'Anglais Arthur Young et celui
du musicien Grétry, dont on inaugura le buste en sa présence sur le théâtre, sont les seuls faits de la grande année
1789 qu'on ait à signaler ici (1). Collot-d'Herbois continua
ses fonctions de directeur jusqu'à la fin de la campagne
théâtrale, non sans difficultés, si l'on en juge par la lettre
suivante qu'il écrivait à M. Tolozan de Montfort, le 23 février :

Monsieur,

Depuis un mois, j'ai fait tout ce que j'ai pu pour me passer de
Mme Girardin, qui a joué pendant ce mois-là très-rarement. Cependant Mme Darboville étant souffrante d'un violent mal de gorge, j'ai
fait requérir hier Mme Girardin de jouer aujourd'huy. Elle a refusé, sous
prétexte qu'*en jouant elle nuirait au procès qu'elle a intenté à la Direction,
relativement au rôle* d'Antigone. Mme Darboville aurait, à ma sollicita-
tion, joué cependant aujourd'huy la *Rosière* ; mais son mal a empiré et
il lui est impossible. La pièce est affichée ; l'engagement de Mme Girardin, par lequel elle doit jouer, lorsqu'elle en sera requise, subsiste tant
qu'il n'est pas résilié ; il m'est impossible de substituer aucun autre
opéra à la *Rosière*, M. Chevalier-Seguenot étant malade depuis quatre
jours, et la comédie ne m'offre aucunes ressources, ayant eu beaucoup
de peine à trouver celle qu'on doit jouer avant la *Rosière*, vu l'absence
de Mlle Bernard.

Veuillez, Monsieur, prendre en considération *cette position pressante et
critique,* et recevoir le tribut du profond respect avec lequel j'ai l'honneur d'être, etc.

D'HERBOIS (2).

----

(1) *Tablettes chronologiques.*
(2) Archives mss. de la ville.

Déjà l'opinion publique, attentive au grand drame qui allait se jouer sur la scène politique, se détournait des spectacles frivoles. Le sieur Leconte venait de faire cession du privilége des spectacles à un sieur Fages, par acte du 22 février 1789. Collot-d'Herbois saisit cette occasion pour se retirer et pour quitter la France. Il alla diriger la troupe de Genève, où il jouit de la même considération que dans notre ville ; ce fut là peut-être qu'il puisa ses principes républicains qui s'exaltèrent si rapidement (1).

On sait le reste. Rentré dans sa patrie, il fut l'un des principaux instigateurs de la journée du 10 août, et, nommé membre de la Convention, il y fit décréter l'abolition de la royauté le 21 septembre 1792. « *Une grande force de poumons,* — dit Mme Roland, dont le mari était l'ennemi personnel de Collot, — le *jeu d'un farceur, l'intrigue d'un fripon,* les écarts d'une mauvaise tête et l'*effronterie de l'ignorance,* tels furent ses moyens de succès dans les clubs, particulièrement aux Jacobins, *qui osèrent bien parler de lui lors de la formation du ministère patriote, sous le règne de Louis XVI* (2). »

On peut opposer à ce tableau hostile le très-curieux portrait qu'un ami politique de l'ancien acteur, Fréron, a écrit dans son journal l'*Orateur du Peuple* :

Collot-d'Herbois avait apporté à l'Assemblée (de la Convention) *un esprit orné par la littérature. L'art de la déclamation,* cette partie si importante de l'éloquence, n'avait point été tout à fait étranger à ses précédentes études. *Une physionomie un peu sauvage, une encolure forte et vigoureuse, un organe imposant quoique un peu voilé, une diction théâtrale,* des pensées tantôt énergiques, tantôt ingénieuses, une facilité d'improviser

----

(1) Archiv. mss. de la ville. — *Biogr. univers.*

(2) *Mémoires de Madame Roland,* édition Hachette, page 224. — Collot-d'Herbois s'était cru frustré lorsque Roland avait été appelé au ministère de l'intérieur.

parfois très-oratoire, *le talent d'intéresser le cœur et d'échauffer le sentiment,*
d'attribuer avec art à des causes morales des résultats purement physiques, *de verser dans les âmes une sorte d'onction douce et pénétrante,* lui
avaient souvent attiré les applaudissements à la Convention et surtout
aux Jacobins. — Au reste, *plus brusque et plus impétueux dans les affaires*
qu'adroit et insinuant, *faire sauter les prisons par l'explosion de la poudre,*
exposer par centaines des coupables au feu du canon, étaient des idées qui
ne révoltaient point son cœur, naturellement généreux et tendre, mais vif et pé-
nétré du besoin d'anéantir les ennemis de la liberté (1). »

Membre du Comité de salut public à la chute des Giron-
dins, Collot-d'Herbois fut envoyé avec Fouché, le 10 novembre 93, après la prise de Lyon, pour punir cette ville
de son insurrection.

Eh bien ! les actes de férocité inouïe commis par ces pro-
consuls, une grande ville saccagée, plus de 1600 personnes
massacrées par la mitraille, l'histoire peut-elle sérieuse-
ment les attribuer à la vengeance d'un acteur sifflé ? La réponse à cette assertion, aussi absurde qu'inexacte, se trouve
dans les *Mémoires* de l'abbé Guillon de Montléon (2), qui
n'est point suspect de partialité :

« Les personnes, — dit cet écrivain, — qui, dans l'ignorance du conflit des factions, n'ont pour expliquer des actes
inouïs de fureur que les *conjectures qu'elles peuvent tirer des*
petites passions particulières, croient très-simplement que la
rage de Collot-d'Herbois contre Lyon venait de ce qu'il

------

(1) Pages 7 et 8 du *Fragment pour servir à l'histoire de la Convention*
nationale depuis le 10 thermidor jusqu'à la dénonciation de Lecointre inclusi-
vement. — Paris, le 29 fructidor an II de la République française,
15 septembre 1794.

(2) L'abbé Aimé Guillon de Montléon (1758-1842), né à Lyon, théo-
logien et controversiste, dut son heure de célébrité à une brochure intitulée le *Grand crime de Pépin-le-Bref* (1800). Il y révélait, sous le voile
d'un pseudonyme, le projet conçu par Bonaparte de se faire nommer
empereur et sacrer par Pie VII.

avait été *sifflé* sur le théâtre de cette ville, deux ou trois ans avant la Révolution… Quoique *j'habitasse Lyon au temps où l'on prétend que Collot y fut sifflé*, et quoique les évènements de ce genre fussent racontés dans toutes les sociétés, et parvinssent toujours à la connaissance même des personnes qui n'allaient point au théâtre, *je n'ai jamais ouï dire que Collot eût reçu une pareille mortification dans notre ville, où son espèce de talent plaisait beaucoup*. Eût-il été sifflé une fois par hasard, il aurait facilement oublié ce déboire momentané *parmi les faveurs dont l'honora plus d'une fois l'intendant* du roi à Lyon, ce même de Flesselles qui, devenu peu de temps après prévôt des marchands de Paris, fut la première victime de la Révolution, le 14 juillet 1789, immédiatement avant la prise de la Bastille. »

« M. de Flesselles, de qui personne à Lyon n'eut à se plaindre, qui obligea tous ceux qui recoururent à lui, mais qui réunissait à beaucoup d'amabilité dans l'esprit et dans les manières une très-grande mollesse de mœurs et une extrême faiblesse pour les flatteurs, quels qu'ils fussent, *s'était laissé séduire par des vers que Collot lui avait adressés* en 1787 (1). L'histrion avait même captivé la facile condescendance de l'intendant pour les adulateurs, au point que celui-ci l'admit à quelques-unes de ses fêtes, *où il vint chanter des couplets à sa louange et à celle des conviés, l'élite des citoyens, qui lui en témoignaient leur satisfaction par d'éclatants suffrages* (2). »

Singulière dérision des choses humaines! C'est l'acteur adulé des Lyonnais, c'est Collot-d'Herbois qui est choisi en-

---

(1) L'abbé Guillon fait une erreur de date : on a vu plus haut que Jacques de Flesselles avait quitté Lyon au mois d'août 1784.

(2) *Mémoires pour servir à l'histoire de Lyon pendant la Révolution*, par l'abbé Guillon de Montléon, t. II, p. 332 et suiv. — Paris, 1834.

tre tous les régicides pour aller décimer ceux-là même qui avaient eu le tort de l'élever jusqu'à eux et qui lui prodiguaient naguère leurs applaudissements…

Quant à l'origine de l'erreur que le bon abbé vient de réfuter, je crois que la voici : on se souvient des éloges excessifs que La Reynière adressait à Collot-d'Herbois dans sa *Lettre à Mercier*, sous l'empire d'une passion qui lui faisait voir tout couleur de rose. Neuf ans plus tard, les illusions s'étaient évanouies, et Grimod, mûri par plus d'une épreuve, gardait une profonde rancune à la Révolution, qu'il avait combattue dès le principe. Ayant à parler, dans un feuilleton dramatique, des théâtres de province, et spécialement de ceux de Lyon, l'impressionnable critique éprouva le besoin de stigmatiser l'odieuse conduite de son *ancien* ami :

« On pense bien, — dit-il, — que les arts, amis de la paix, de la justice et de la tranquillité, que l'art dramatique surtout y a souffert dans la même proportion. D'abord, les deux théâtres des Terreaux et des Célestins ont offert à la vengeance du feu citoyen Collot-d'Herbois de nombreuses victimes. *Cet homme féroce, ancien régisseur et acteur du premier de ces théâtres, s'est vengé sur les Lyonnais des nombreuses huées qu'il en avait reçu, et sur la plupart de ses camarades, du juste mépris qu'ils avaient pour son insolence et pour ses vices* (1). »

La contradiction était flagrante. Mais Collot-d'Herbois était mort à la Guyane en 1796 ; la boutade fit son chemin, personne ne la releva avant l'abbé Guillon, qui fut peu lu, et l'erreur fut acceptée, sans examen, comme tant d'autres mensonges historiques.

---

(1) *Le Censeur dramatique*, t. 1, p. 338-339, 30 vendémiaire an VI (1797). Ce recueil, publié de 1797 à 1798, a été réuni en 4 vol. in-4°, de 600 pages chacun, par le libraire Desenne. — Grimod a fait paraître plus tard l'*Alambic littéraire*, 2 volumes, et l'*Almanach des gourmands* (1803-1811.)

On a vu défiler jusqu'ici sur le Théâtre de Lyon tous les noms qui ont illustré l'art dramatique français au xviiie siècle, depuis Clairon et Le Kain, Noverre et Camargo, Caillot et Brizard, Bellecour, François Augé, jusqu'à la Saint-Huberti, Vestris et Dugazon.

Le lecteur a remarqué combien d'artistes appartiennent à notre ville, par leur naissance, comme Marie Antier, Françoise Journet, Dorothée Luzy, Henri Larrivée, Dezaides et Leclair, l'organiste Marchand; ou par les séjours prolongés qu'ils y ont fait, tels que Préville, Fleury, Grandval, Larive, les deux Sainval, Hus et Joubert, Fabre d'Eglantine, Collot-d'Herbois et Mlle Feuchère...

Il était impossible de les citer tous.

Pourtant, afin de réparer quelques oublis, il faut au moins nommer à cette place les compositeurs Lamanière (1) et Antoine Dauvergne (2); Audibert, maître de musique de l'Académie de Lyon (3); Peyraud de Beaussol, qui dut à sa tragédie des *Arsacides* son heure de célébrité (4); Chaspoul, qui composa, en 1768, avec Sedaine, l'opéra comique des *Sabots* (5); Martelli, comédien et auteur dramatique, qui fut attaché pendant plusieurs années au théâtre de Lyon (6), et Mme Chevalier, élève de ce théâtre, qui est

---

(1) De l'Académie de Lyon. Il est mort le 28 juin 1808. — V. *Biographie lyonnaise*, par Breghot du Lut et Péricaud.

(2) Né à Clermont-Ferrand le 4 octobre 1713, mort à Lyon le 12 février 1797. — *Biogr. univers.*

(3) Audibert est l'auteur d'un *Mémoire* inédit sur la découverte d'un chiffre musical, qui a été conservé à la Bibliothèque nationale.

(4) Né à Lyon vers 1735, mort vers 1799. — *Biogr.* Rabbe, supp.

(5) Frère d'un notaire de Lyon. — Delandine, *Bibliographie dramatique.*

(6) Honoré-Antoine Richaud-Martelli, né à Aix vers 1751, mort à Marseille le 18 juillet 1817. — V. *Biogr. lyon.* —Son principal ouvrage est *Les deux Figaros ou le Sujet de comédie.*

restée fameuse par ses intrigues à la cour de Paul Ier (1).

Les comédiens formaient, sous l'ancien régime, une classe à part et occupaient dans la société une situation tout exceptionnelle. Avaient-ils du talent, de l'esprit, de la beauté, de la vogue surtout : on les portait aux nues, toutes les portes s'ouvraient pour eux, tandis qu'elles restaient closes pour les gens du tiers. Dans cette aristocratie, si fière de ses quartiers de noblesse et souvent si hautaine envers la bourgeoisie, peu importait à la femme la naissance et le rang d'un homme ; que ce fût un acteur, qu'il eût encore aux joues le rouge du théâtre : s'il était couru, les plus grandes dames en faisaient leur héros. L'impertinent Molé donnait-il une représentation à son bénéfice ? les femmes faisaient souscrire tout le monde, même l'archevêque de Lyon, Mgr de Montazet, et l'acteur employait le produit de la souscription, 24,000 livres, à acheter à sa maîtresse une parure de diamants. La chose fut mise en chanson :

> « Molé, plus brillant que jamais,
> Donne des soupers à grands frais,
> Prend des carrosses de remise,
> Entretient filles et valets ;
> *Les femmes vuident les goussets*
> *Même des Princes de l'Eglise.*
> Pour servir
> Son plaisir,
> La sottise !
> *Elles se mettraient en chemise* (2). »

Le spirituel Diderot, qui aimait « l'utile et belle profession de comédiens ou de *prédicateurs laïques*,» suivant ses propres expressions, « la verve dont l'homme de génie se sert pour

------

(1) *Biogr.* Rabbe, suppl.
(2) *Mém. secr.* de Bachaumont, 1er janv., 6 fév. et 2 mars 1767.

châtier les méchants et les fous, » Diderot, qui dans sa jeunesse avait « balancé entre la Sorbonne et la Comédie, » ne fait aucune difficulté de reconnaître que, de son temps, les gens de théâtre étaient « fastueux, dissipés, dissipateurs, intéressés, vagabonds, à l'ordre des grands ; qu'ils avaient peu de mœurs, point d'amis, presque aucune de ces liaisons saintes et douces qui nous associent aux peines et aux plaisirs d'un autre qui partage les nôtres. » Il est vrai que l'on comptait de fort honorables exceptions : après Molière, les Quinault, Montmesnil, l'auteur du *Paradoxe sur le comédien* cite ses contemporains Brizard et Caillot, qui étaient « également bien venus chez les grands et chez les petits ; à qui vous auriez confié sans crainte votre secret et votre bourse, et avec lesquels vous auriez cru l'honneur de votre femme et l'innocence de votre fille beaucoup plus en sûreté qu'avec tel grand seigneur... »

Mais, « un comédien galant homme et une actrice honnête femme étaient des *phénomènes rares.* » En effet, « qu'est-ce qui leur chaussait le socque ou le cothurne ? Le défaut d'éducation, la misère et le libertinage. Le théâtre est une ressource, jamais un choix... »

« Un jeune dissolu, au lieu de se rendre avec assiduité dans l'atelier du peintre, du sculpteur, de l'artiste qui l'a adopté, a perdu les années les plus précieuses de sa vie et il reste à vingt ans sans ressources et sans talents. Que voulez-vous qu'il devienne ? Soldat ou comédien. Le voilà donc enrôlé dans une troupe de campagne. Il rôde jusqu'à ce qu'il puisse se promettre un début dans la capitale. Une malheureuse créature a croupi dans la fange et la débauche ; lasse de l'état le plus abject, celui de basse courtisane, elle apprend par cœur quelques rôles, elle se rend un matin chez la Clairon, comme l'esclave ancien chez l'édile ou le préteur. Celle-ci la prend par la main, lui fait faire une

pirouette, la touche de sa baguette et lui dit : « *Va faire
rire ou pleurer les badauds.* »

« Ils sont excommuniés. Ce public, qui ne peut s'en
passer, les méprise. Ce sont des esclaves sans cesse sous la
verge d'un autre esclave. Croyez-vous que les marques
d'un avilissement aussi continu puissent rester sans effet,
et que, sous le fardeau de l'ignominie, une âme soit assez
ferme pour se tenir à la hauteur de Corneille (1) ? »

On voit que le critique se montrait sévère à l'égard des
comédiens de son temps et qu'il ne craignait pas de noir-
cir le tableau, pour mieux accentuer ce qu'il voulait faire
entendre.

Les gens de théâtre étaient placés sous la tutelle de l'administration et dépendaient, à Paris, des gentilshommes de
la cour, à Lyon, du gouverneur. Cette protection allait
jusqu'aux abus les plus criants : jusqu'en 1774, il suffisait,
à toute fille ou femme, de l'inscription à l'Opéra ou à la
Comédie-Française, pour se dérober au pouvoir paternel
ou conjugal. « La dernière des filles de chœur, de chant
ou de danse, la dernière des figurantes était émancipée de
droit : un père, une mère, indignés de son inconduite, ne
pouvaient plus exercer sur elle l'autorité; il lui était permis
de braver un mari, si elle était mariée. » Aussi, de la part
de toutes ces femmes, quelle aspiration vers ces planches
qui donnaient l'affranchissement ! Monter là, c'était l'effort
et l'ambition de chacune. Toutes les protections étaient
mises en jeu pour arriver jusqu'au cabinet d'un directeur
de théâtre. « Et n'est-ce pas là, sous les pilastres aux feuilles
d'acanthe, au-dessous des nymphes nues dormant dans les
grands cadres, dans le boudoir majestueux où le maître

---

(1) Diderot, *Paradoxe sur le comédien.*

tout-puissant trône en robe de chambre auprès du bureau chargé de faisceaux de licteurs, de casques à panaches, de brocarts, de partitions ouvertes de *Castor et Pollux*, n'est-ce pas là que Baudouin, le peintre et l'historien de la demi-vertu, a placé le *Chemin de la Fortune?* Généralement, le directeur est un homme ; sur une mine de jeunesse, sur un joli sourire, sur un peu de gentillesse et beaucoup de bonne volonté qu'on lui montre, il consent à recevoir et à agréer. Une fois le maître séduit, la femme est inscrite, et quelque peu douée qu'elle soit, quelque habile homme la mettra, au bout de trois mois, en état de paraître sur ses jambes dans un ballet (1). »

Le directeur devait informer le prévôt des marchands de tout ce qui se passait au théâtre ; les correspondances citées plus haut donnent une idée assez exacte du genre de contrôle auquel les entreprises de spectacle étaient soumises. Le gouverneur, par l'entremise du prévôt des marchands, veillait au maintien de l'ordre et au choix des artistes, donnait les ordres de débuts et jugeait les différends qui surgissaient entre le directeur et les acteurs. On s'étonne aujourd'hui de voir ces personnages s'occuper gravement du plus petit évènement des coulisses. Mais, ce qui est plus curieux encore, c'est de feuilleter les plaintes qui leur étaient adressées soit par le directeur, récriminant sur la mauvaise volonté de sa troupe ou sur les maladies qui y sévissaient, soit par les acteurs, gémissant de l'oppression que ce tyranneau leur faisait subir : c'était Dufresney, qui se plaignait que Rosambert le rendait malade en le faisant chanter tous les jours, cela « *pour faire sa cour* » à M. To-

---

(1) *La femme au XVIIIe siècle*, par Edmond et Jules de Goncourt, p. 292.

lozan de Montfort (1) ; c'était Mlle *Génie* Perron, qui avait dansé pendant deux ans « avec un succès *des plus reconnus* » et qui, « *singulièrement mortifiée* » de ne recevoir aucune gratification, touchait le « *cœur si bon* » de M. le commandant par des phrases comme celle-ci : « La *balance* que vous avez pour emblème de votre justice *ne sert pas certainement à peser les corps* (c'est une danseuse qui parle), mais le mérite, les qualités et les talents (2). » C'était encore un brave musicien, qui protestait, avec une comique indignation, contre les beaux fils de famille qui faisaient tapage à « *lorquestre* » et jouaient mille tours aux pauvres instrumentistes (3), etc., etc. Le commandant trouvait le temps de lire et d'apostiller lui-même toutes ces fastidieuses suppliques, qui étaient souvent prises en considération.

Si l'Administration se montrait tutélaire pour les gens de théâtre, elle leur faisait parfois sentir toute sa rigueur. En

---

(1) Lettre du 5 janv. 1787, arch. mss., passim.

(2) Lettre de mai 1786, cod. loc.

(3) Archiv. mss. — Lettre à M. Tolozan de Montfort :

« De Lyon, ce 3me janvier 1786.

« Monsieur,

« C'est un grand abus que de voir *Lorquestre* des musiciens rempli des jeunes gents qui font tous les jours un tapage *orrible* ; et faisant rire les actrice qui sont en scène ; et empêchant d'entendre tous les gents qui sont derrière *Lorquestre* ; vous senté, que cela n'est pas amusant pour ceux qui veulent jouir du spectacle ; d'ailleurs, il est ridicule de voir tous ces jeunes gentz *alorsquestre* Lorqu'il y a de la place ailleurs ; ensuite la moitiè du tems *ces jeunes gents se disputent avec les musicien, leur prenant leur chaise qu'il ne veulent pas leur rendre* ; cela occasionne des bruits et cela dérange les spectacle. Nous vous supplions de vouloir bien donné vos ordres pour qu'il nentre personne *alorquestre* que les musiciens. »

« En attendant, Monsieur, nous sommes avec la plus parfaite estime et considération,

« Lh... »

1765, la moitié des pensionnaires de la Comédie-Française fut enfermée au For-l'Evêque pour avoir refusé obstinément de jouer (1). L'acteur qui résistait à un ordre de début subissait le même sort; celui qui rompait un engagement ou excitait les autres à le faire, allait coucher en prison et n'était remis en liberté « qu'à la condition de *vider la ville* dans les vingt-quatre heures (2). » Le moindre trouble au théâtre, la moindre cabale pouvait attirer au coupable une lettre de cachet; enfin, on connaît la mesure d'expulsion dont, en 1781, le directeur Hus fut l'objet (3).

Depuis la chute de l'ancienne monarchie, ces hauts et ces bas, ces violents contrastes entre l'adulation et le mépris, entre la protection et la rigueur, ont disparu de nos lois. La tutelle administrative n'intervient plus : les plaintes et les différends des comédiens sont portés devant les tribunaux. Toutefois, le talent ou la vogue feront toujours aux artistes dramatiques une situation hors cadre, qui leur ouvrira les salons célèbres de la Restauration, tandis que l'indifférence et la médiocrité les feront descendre au dernier degré de l'échelle sociale.

Cette étude devrait s'arrêter là. Le xviiie siècle, si insatiable de plaisirs et de nouveautés, est bien mort quand la Révolution commence. Sans doute, les spectacles ne fer-

---

(1) *Mém. secr.* de Bachaumont, avril 1765.

(2) Archiv. mss. Lettre à M. de La Verpillière, 27 avril 1764, concernant l'acteur Brisson.

(3) V. plus haut, ch. IV, page 57.

meront point leurs portes (1) ; mais, on l'a dit plus haut,
l'attention publique est tout entière au-dehors, sollicitée
par les terribles évènements dont Lyon va devenir le
théâtre.

Il est à remarquer que presque toutes les pièces qui seront jouées dans cette ville pendant la période révolutionnaire retraceront les scènes de la gigantesque épopée.

---

(1) Le catalogue de la bibliothèque Coste mentionne une série de
documents qui se réfèrent aux théâtres de Lyon pendant la Révolution :

— Règlement relatif aux spectacles de Lyon, du 21 janvier 1790.

— Adresse du sieur Fages, directeur des spectacles de Lyon, aux citoyens de cette ville, en réponse à celle des sieurs Lainez, Lays, Rousseau, Chéron, Gardel, de la Suze, de Saint-Prix, Hus-Malo et Daubrière,
ci-devant propriétaires avec le sieur Fages. 1790.

— Ordonnance de MM. les maires et officiers municipaux de la
ville de Lyon concernant les spectacles. 13 avril 1790.

— Id. — 10 mars 1791.

— Lettre des comédiens du Théâtre de Lyon à M. Vitet, maire, en
date du 11 octobre 1791, et réponse de celui-ci *au sujet de la présence
des soldats dans les* pièces de théâtre. Lettre de M. Hallot, commandant
de la 19e division militaire. — Même date.

— Pétition à l'Assemblée nationale, présentée par les comédiens de
Lyon, Marseille, Rouen. — S. d.

— Dénonciation de la corporation des auteurs dramatiques (par
Flachat, intéressé à l'entreprise des théâtres de Lyon). — S. d.

— Mémoire pour les comédiens du spectacle de Lyon contre les au
teurs dramatiques.

— Pétition à la Convention, pour le même objet, signé Flachat et
Mortainville (sept. 1792).

— Carte d'abonnement aux spectacles de Lyon, du 7 mai 1793,
sign. aut. de MM. Martin et Bouvard.

— Arrêté des représentants sur l'ouverture du théâtre. 14 fructidor
an II.

— Lettre de l'adjudant-général Dauvergne, commandant la force
armée dans le département du Rhône, aux citoyens artistes du Grand-
Théâtre de Lyon, au sujet de la réouverture du théâtre. Lyon, le 27
thermidor an VII.

Ce seront, en 1790, *les Etrennes de la Liberté*, fête patriotique, composées par l'acteur Planterre qui, la même année,
prendra la direction du *Courrier de Lyon*, avec le docteur
Jacques Pitt (1) ; en 1793, *les Fugitifs de Lyon*, esquisse
dramatique en deux actes et en prose, par Marignié;
l'*Apothéose de Chalier*, impromptu patriotique, par le citoyen
Capinaud (2); *le Triomphe de la Raison publique*, pièce patriotique et républicaine dédiée aux sans-culottes, comédie
en trois actes et en vers libres, par le citoyen Guigoud-
Pigale (3). Le 18 novembre 1793, le Théâtre Lyrique des
Arts, à Paris, donnera la 1re représentation de l'*Echappé de
Lyon* (4). On trouve encore, de l'an III à l'an v, *Collot dans
Lyon*, tragédie en vers et en cinq actes (qui ne fut pas représentée), par Fonvielle, de Toulouse ; la *Mort de Robes-
pierre*, d'un auteur inconnu ; la *Famille lyonnaise*, drame en
trois actes et en vers, et le *Siége ou l'Héroïne républicaine*,
mélodrame en un acte et en prose, par David Mermet (5).

Par un étrange contraste, le Grand-Théâtre donnera, en
plein thermidor, un ballet-pantomime en trois actes, dans
le goût de ceux de Noverre, par le citoyen Coindé : *les
Amours de Vénus* ou *le Siége de Cythère* (6).

Les passions populaires, surexcitées par ces spectacles
d'une saisissante actualité, rempliront plus d'une fois nos

---

(1) V. *Histoire des journaux de Lyon*, par M. Aimé Vingtrinier, p. 17.

(2) Professeur de grammaire à Lyon, mort vers 1807, auteur de
plusieurs ouvrages, notamment du *Panorama de l'Univers* ou *Géographie
générale mise en vers*, Lyon, 1806. La préface de cet ouvrage contient
quelques particularités sur la vie de l'auteur. L'*Apothéose de Chalier* avait
été composé pour le théâtre des Célestins.

(3) Guigoud-Pigale (P.), né à Lyon le 18 mars 1746, mort le 20
août 1816.

(4) *Tablettes chronologiques* de 1789 à 1800.

(5) J. M. David Mermet. V. Quérard, *France littér.*

(6) Biblioth. Coste, *Répert. Lyonnais.*

théâtres de leurs clameurs. En septembre 1795, les Lyonnais, irrités de l'élargissement des terroristes, y feront retentir le chant du *Réveil du peuple*, et il faudra l'intervention du commandant de place pour rétablir le calme (1). Les acteurs ne seront pas exempts du délire universel. Un ancien comédien, Antoine Dorfeuille, signalé à Dubois-Crancé pour son exaltation politique, sera désigné par ce délégué de la Convention pour présider le tribunal révolutionnaire qui sera institué à Lyon, à la prise de cette ville ; et le misérable, après le 9 thermidor, sera assommé et jeté à la Saône par le peuple furieux (2). Le 11 mai 1797, Jean Storkenfeld, acteur du Grand-Théâtre, l'un des chefs des associations connues à Lyon sous le nom de *Compagnies de Jéhu et du Soleil*, sera condamné à mort par le tribunal criminel de la Haute-Loire pour avoir assassiné le corse Istria, au grand Hôpital (3).

Pourtant, la tourmente une fois apaisée, tandis que l'ancienne Comédie-Française se partagera en deux camps, au commencement de l'année 1796, Lyon verra reparaître, comme l'ombre des élégances passées, la figure aristocratique de Larive, revenant chercher les souvenirs et les applaudissements de sa jeunesse, après la captivité que la Terreur lui aura fait subir. Et le public, fidèle à son ancien acteur, payera les billets de parterre jusqu'à mille francs...

---

(1) *Tablettes chronologiques.*

(2) Né en 1750, assassiné le 4 mai 1795. *Biog. univers.* — Un autre Dorfeuille (P.-P.), comédien et auteur dramatique, né vers 1745, s'associa avec Gaillard, directeur du Théâtre de Lyon, prit avec lui la gestion de l'Ambigu-Comique, à Paris, et fit construire, quelques années après, la salle qui servit depuis aux Français. Il est l'auteur de diverses pièces et des *Eléments de l'art du comédien* ou l'*Art de la représentation théâtrale* (Paris, 1801).

(3) *Tabl. chronol.*

en assignats, somme relativement considérable en ce temps
de calamité financière (1). Puis, peu à peu, l'amour de
l'art et la soif du succès aidant, les chefs-d'œuvre des
maîtres reprendront la place que leur avaient un instant
disputée les tristes ouvrages éclos en un jour de malheur.

Le théâtre de Soufflot, qui appartenait à la ville, fut
vendu, pendant la Révolution, comme propriété privée, en
exécution de la loi du 28 ventôse an IV. Mais, la situation
des directeurs devenant intolérable, par suite des exigences
des différents propriétaires, la ville finit par comprendre
que, dans l'intérêt des spectacles, cet édifice devait rentrer
dans le domaine communal. En 1827, le Conseil munici-
pal le racheta et décida que, au lieu d'être réparé, le théâtre serait reconstruit sur des plans nouveaux, dont l'exécution fut confiée à MM. Chenavard et Pollet. La première
pierre du monument actuel fut posée le 19 août 1828 (2).

Vers la fin du XVIIIᵉ siècle, Lyon possédait un autre
théâtre, celui des *Célestins*. Un bref du pape Pie VI, en
date du 30 septembre 1778, ayant supprimé le couvent de
ce nom, les bâtiments en furent vendus, pour la somme
d'un million cinq cent mille livres, à un sieur Devouges,
qui les revendit en détail à des spéculateurs. De leur côté,
ceux-ci ouvrirent des rues sur cet emplacement et firent
de l'église des Célestins une salle de spectacle. Quelle est
la date précise de cette transformation ? C'est ce qu'il est
assez difficile d'établir. Ce qui n'est pas douteux, c'est
qu'on donnait des représentations au Théâtre des Célestins,
appelé alors l'*Ecole des Mœurs*, dès les premières années de
la Révolution, notamment en 1793 : ce fut, en effet, cette

---

(1) V. de Manne, op. cit. — Mille francs en assignats représentaient
une valeur de trois à quatre francs en numéraire.

(2) *Lyon anc. et mod.*, Grand-Théâtre.

année-là que Capinaud publia l'*Apothéose de Chalier*, qu'il avait composé spécialement pour ce théâtre (1). Le drame et le vaudeville se partageront la nouvelle scène, qui aura aussi ses vicissitudes et sera deux fois la proie des flammes, mais qui aura, de tout temps, les prédilections des Lyonnais. Plus d'un auteur dramatique et plus d'un artiste de talent, tels que nos compatriotes Montperlier, vaudevilliste et dramaturge (2), et Émile Cottenet, acteur de ce théâtre et auteur de *Dumollet à Lyon* (3); Carmouche, Eugène de Lamerlière, Virginie Déjazet, etc., viendront y essayer leurs premiers pas (4).

Du reste, Lyon demeure fidèle à ses traditions artistiques et littéraires. Sur le déclin du siècle dernier, cette ville voyait naître toute une pléiade de jeunes talents. C'était, dans le groupe des auteurs, le baron Révérony Saint-Cyr (5), plus tard chef de division au ministère de la guerre, auteur de romans et de pièces de théâtre; Vial (6), à qui l'on doit la fameuse *Aline, reine de Golconde, le Mari et l'amant, les deux Jaloux, les deux Mousquetaires*; Jeanne Vismes de

---

(1) V. *Lyon anc. et mod.*, Théâtre des Célestins. — *Journal* de Pelzin, du 3 nov. 1796, p. 278-280, cité dans la *Biogr. lyon.* de Breghot du Lut et Péricaud, sous le mot Capinaud.

(2) Jean-Antoine-Marie Montperlier, né à Lyon le 30 juin 1788, mort le 23 mars 1819. *Journal de Lyon* du 30 mars 1819. Quérard. *France littér.*

(3) Et de plusieurs ouvrages dramatiques. Il est mort à Paris en 1835. Quérard, *France littér.*

(4) Kauffmann a publié un poème héroï-comique en 4 chants, *la Célestinade* ou la guerre des auteurs et des acteurs lyonnais, Lyon, Rossary, 1828.

(5) Jacques-Antoine Révérony Saint-Cyr, né le 3 mai 1767, mort en 1829, — Biog. Rabbe.

(6) Jean-Baptiste-Charles Vial, né à Lyon le 2 juillet 1771, mort le 27 octobre 1837. — *Biog. Rabbe.*

Valgay (1), excellente musicienne, auteur de la musique
de *Praxitèle*, opéra représenté en 1800. C'était encore le
pharmacien Macors (2), qui fit du théâtre comme Reboul
faisait des vers ; c'était Riboutté (3), l'un des défenseurs de
Lyon contre la Convention, qui jeta aux orties son carnet
d'agent de change, pour composer l'*Assemblée de famille*
(1808), qui eut 39 représentations, le *Ministre Anglais*
(1812), la *Réconciliation par ruse* (1818), l'*Amour et l'Ambition* (1822), le *Spéculateur, ou l'École de la Jeunesse* (1826),
et à qui l'on décocha cette épigramme :

> Riboutté dans ce monde a plus d'une ressource,
> Il spécule au théâtre et compose à la Bourse.

Le groupe des acteurs n'était pas moins remarquable.
Fille d'un maître charpentier, Mlle Devienne (4), née avec
un goût prononcé pour le théâtre, jolie, douée d'une physionomie piquante et spirituelle, d'une taille svelte et élé-
gante, s'engageait, à l'âge de vingt ans, dans la troupe des

(1) Jeanne-Hippolyte Moyroud, femme d'Anne-Pierre-Jacques
Vismes de Valgay, née vers 1767. — *Biog. univers.*

(2) Paul Macors, né à Lyon, mourut le 11 mars 1811. *La France
littéraire* cite ses pièces de théâtre.

(3) François-Louis Riboutté, agent de change à Paris et auteur dramatique, est né à Lyon en 1770 et mourut à Paris en février 1834.
Quérard, *Fr. litt.*

(4) Jeanne-Françoise Thevenin, dite Mlle *Devienne*. — *Extrait des
registres de la paroisse de Saint-Pierre, à Lyon :* « Jeanne-Françoise, fille
d'Alexis Thevenin, maître charpentier, et de Marie-Françoise Demare,
sa femme, née ce matin, rue Pizay, a été baptisée par moi, vicaire
soussigné, ce 21 juin 1763. »
Elle mourut, à Paris, le 20 novembre 1841, âgée de 78 ans. Elle
avait épousé, le 10 mai 1809, Antoine Gévaudan, riche banquier et
l'un des administrateurs des messageries impériales. — V. De Manne,
Galerie hist. des portr. des comédiens.

comédiens de Bruxelles et débutait à la Comédie-Française le 7 avril 1785. « Peu d'actrices, dit le *Mercure*, parurent avec plus d'éclat sur le premier théâtre de France et réunirent un plus grand nombre de suffrages. » Antoine Périer, fils d'un pâtissier de la rue de la Barre (1), d'abord commis chez un négociant, fut soldat, revint à Lyon grièvement blessé et se fit comédien : il joua les *amoureux* aux Célestins et au Grand-Théâtre, suivit en Italie la troupe de Mlle Raucourt (1806), et débuta le 2 avril 1813 à l'Odéon, et le 17 août 1820, à la Comédie-Française. Un autre sociétaire de notre grande scène nationale, Benoit Baudrier, qui appartenait à une bonne famille lyonnaise, resta trop peu de temps au théâtre pour y laisser un souvenir durable (2). Enfin, Louis Perrin, dit Thénard aîné, né à Lyon le 24 avril 1779, fut attaché deux années au Grand-Théâtre, où il jouait les *premiers comiques*, à la plus grande joie des Lyonnais dont il était fort goûté, lorsque le bruit de son succès le fit appeler à Paris en novembre 1807 (3).

Dans la suite, Lyon applaudira Brissebarre, dit *Joanny*, dont le jeu provoquera une vive polémique qu'on retrou-

---

(1) Antoine Périer, né à Lyon le 7 mars 1784, mourut à Tours, le 6 juin 1863, dans sa 79e année. — V. De Manne, *Galerie hist. des comédiens de la troupe de Talma*, Lyon, Scheuring, 1866, p. 411 et suiv.

(2) Né à Lyon vers 1772, Benoit Baudrier jouissait à Nantes d'une certaine réputation, lorsqu'il fut appelé à Paris pour y débuter le 27 juin 1811 ; nommé sociétaire, le 27 juin 1817, il fut emporté par une maladie le 13 octobre suivant, à l'âge de 45 ans. L'acteur Granville le remplaça. — V. De Manne, même ouvrage, p. 397 en note.

(3) Thénard fut très-vivement regretté à Lyon par les amateurs de spectacle. Il débuta à Paris, le 3 novembre 1807, dans *le Dissipateur*, et mourut à Metz, où il s'était retiré, le 17 octobre 1825. — Son fils Etienne-Bernard-Auguste Perrin, dit Etienne Thénard, né à Lyon le 21 janvier 1807, fut acteur comme son père ; il mourut à Bruxelles le 8 mai 1838. — V. De Manne, même ouvrage, p. 297 et suiv.

vera dans le *Bulletin de Lyon* de 1805 à 1807 et qui ne sera
pas étrangère à son entrée à la Comédie-Française ; Monrose, que Paris lui enlèvera en 1815 ; le grand Talma,
Mlle Mars, Mlle Rachel, que les villes de province accueille-
ront avec tant d'enthousiasme (1) ; et le plus pur de l'esprit
français revivra encore en MM. Clairville et de Nervaux (2),
deux charmants vaudevillistes, enfants de notre cité.

Les tournées de Mlle Mars en province nous rappellent

---

(1) Brissebarre, dit *Jeanny*, né à Dijon le 2 juillet 1775, mourut le 5
janvier 1849.

Monrose, né à Besançon le 6 décembre 1783, mourut le 20 avril
1843. Il souscrivit un engagement au Grand-Théâtre de Lyon, où la
Comédie-Française vint le réclamer comme sien. — V. De Manne,
même ouvrage, p. 365 et suiv., et 422 et suiv.

(2) De Nervaux, littérateur et vaudevilliste, né à Lyon vers la fin du
XVIIIe siècle, propriétaire à Genay près de Lyon.

Louis-François Nicolaïe, dit *Clairville*, auteur dramatique, né à Lyon,
le 28 janvier 1811, de parents comédiens, passa son enfance dans les
coulisses de Mme Saqui, puis au théâtre du Luxembourg, où il débuta
à l'âge de 10 ans. Il remplit, sous l'administration de son père qui dirigeait cette petite scène, tous les emplois, depuis celui de contrôleur et
de souffleur jusqu'à celui de jeune premier ou de père noble. En 1829,
il fit représenter sa première pièce. *1836 dans la Lune* inaugura cette
série de revues comiques dans lesquelles il a tant de fois réussi. Parmi
ses quatre cent cinquante ouvrages, pleins de verve et de gaîté bouffonne,
citons *Margot* (1837), les *sept Châteaux du Diable* (1844), *Un troupier
qui suit les bonnes* (1860), etc. — V. Vapereau, *Dict. des contemporains*.

L'art dramatique l'a perdu récemment : Clairville est mort à Paris
le 8 février 1879, à l'âge de 68 ans, vivement regretté de ses nombreux
amis, et en particulier des artistes lyonnais résidant à Paris. Il laisse
des fils.

Nommons enfin, parmi les contemporains, M. Édouard Pailleron, le
très-spirituel auteur de l'*Âge ingrat*, dont la famille habite encore
Lyon, bien qu'il n'y soit pas né lui-même ; M. Joséphin Soulary, le
poète si délicat et si fin, qui vient de révéler une nouvelle face de son
talent dans *Un grand homme qu'on attend*, et M. Lassalle, le jeune et
célèbre baryton du Grand Opéra, originaire de notre ville, dont il
continue avec succès les traditions musicales.

une anecdote, rapportée par l'un de ses admirateurs, que nous allons conter en finissant.

Mlle Mars donnait des représentations à Lyon, lorsque, le lendemain même de la première, elle vit entrer chez elle un des fabricants de soieries les plus connus de la ville :

— Madame, lui dit-il, vous pouvez faire ma fortune.

— J'en serais fort aise, Monsieur; mais par quel moyen ?

— En acceptant cette pièce d'étoffe.

Notre homme déploya une pièce de magnifique velours épinglé.

— Faites de ceci une robe. Lorsqu'on l'aura vue sur vous, toutes les femmes en voudront porter de semblables, et c'est ainsi que ma fortune se fera.

— Mais, Monsieur, jamais femme qui se respecte n'a porté une robe jaune !...

— C'est précisément pour cela, Madame, qu'il s'agit de mettre cette couleur à la mode, et nulle au monde ne peut mieux que vous... Ne me refusez pas; acceptez, en grâce.

— Non, Monsieur, je ne vous refuse pas, répond la célèbre actrice, en se disposant à payer le prix de l'étoffe.

— Hé! Madame, que prétendez-vous faire ? s'écrie le négociant. Je ne sollicite de votre part qu'une faveur : celle de faire connaître l'adresse de ma fabrique.

Mlle Mars, trouvant l'idée originale, céda et promit. De retour à Paris, elle fit confectionner la robe, et, le soir de sa rentrée, dans le rôle de Mme de Clainville, de la *Gageure imprévue*, elle attendait le moment de paraître en scène, revêtue de la splendide robe jaune, lorsqu'un dernier regard jeté sur la glace fit subitement naître un doute dans son esprit : elle se trouva ridicule et déclara qu'elle ne jouerait pas.

L'heure était trop avancée pour qu'il fût possible de composer un autre spectacle. Cette résolution soudaine jeta le

trouble parmi les comédiens, et Talma voulut en connaître la cause : — « Ce n'est pas d'un canari que vous avez
l'air, — lui dit-il, quand il eût appris l'hésitation de sa
camarade ; — vous ressemblez à une topaze... Et n'êtes-
vous pas déjà le diamant de la Comédie-Française ? »

Vaincue par ce madrigal en prose, qui sentait son Dorat,
Mlle Mars, qui appréciait le goût de Talma, consentit enfin
à jouer. Peu à peu, le reste d'inquiétude qu'elle éprouvait
encore se dissipa devant le murmure flatteur des loges et
du parterre. Le lendemain, le *tout Paris* d'alors s'entretenait
de la robe jaune, et, huit jours plus tard, il n'était pas un
salon qui n'en offrît une semblable. On ne dit pas si le fabricant lyonnais fit fortune ; il faut avouer qu'il n'avait pas
été trop mal avisé.

Mais, c'est déjà sortir des bornes que nous nous étions
fixées. Qu'il nous suffise, à cette heure, d'avoir assemblé
quelques matériaux épars et apporté cette modeste contri-
tribution à l'histoire d'un grand siècle et d'une grande ville.
Il y a de longues années que les érudits et les publicistes
fouillent, avec un zèle infatigable, les moindres recoins de
nos archives nationales. Toutefois il reste beaucoup à faire
pour l'histoire intime et morale, littéraire et artistique de
nos villes de province. Aussi bien, n'est-ce pas trop des
efforts de tous pour atteindre le but souhaité, et ne faut-il
pas dédaigner les plus humbles travaux.

APPENDICE

De ce monde de comédiens célèbres, de cette société
brillante qui, au xviiiᵉ siècle, a donné à Lyon tant de
charmes, de ces faits dont quelques érudits ont gardé le
souvenir, il ne reste qu'un seul vestige : c'est la maison de
campagne qui appartint à Mᵐᵉ Lobreau, l'ancienne directrice de nos théâtres, villa charmante, si bien nommée *la
Fleurie*, aujourd'hui propriété de M. Fougasse, membre de
la Chambre de commerce, président du conseil général des
hospices et l'un de nos plus honorables négociants.

La *Fleurie* existe encore, avec ses frais ombrages, sur le
coteau de Sainte-Foy, au-dessus de ce chemin des Etroits,
que les *Confessions* de Jean-Jacques Rousseau ont rendu
célèbre. A l'époque où écrivait Rousseau, le parc, penché
du couchant au levant, allait du château de Sainte-Foy
jusqu'au Rhône. Aujourd'hui, fort diminué, il ne s'é-
tend plus que de la Saône, — puisque le confluent des deux
rivières, ayant été repoussé de deux kilomètres, la Saône a
remplacé le Rhône, le long du chemin des Etroits, — il ne
s'étend plus que de la Saône, disons-nous, jusqu'au nouveau chemin de Sainte-Foy, à moitié flanc de la colline ;
bien au-dessous du château détruit, au nord, il est borné
par la demeure d'un savant orientaliste, M. Gaspard Bellin,
juge au Tribunal civil, et, au midi, par le parc de M. Pe-

risse, le Nestor de la librairie, dont les jardins furent plantés par Le Nôtre et dont le château est un des plus magnifiques des environs de Lyon.

La maison Lobreau, bâtie sous Louis XV, a été elle-même modifiée et l'aile habitée par l'ancienne directrice, du côté du levant, n'existe plus. Un élégant châtelet, bâti sur les plans de M. Benoît, s'élève aujourd'hui au milieu du parc, au centre de beaux massifs d'arbres et de verdure, et ouvre ses fenêtres sur la ville, sur nos deux fleuves, la plaine du Dauphiné et la magnifique chaîne des Alpes, qui court de la Suisse à la Provence. Quant à l'habitation Lobreau, qui n'est plus en rapport avec le goût moderne, elle est abandonnée à l'extrémité nord du parc, découronnée d'un étage, mutilée d'une aile, et n'a au-dessus d'elle qu'une petite tour, qui lui donne un cachet d'originalité. Modeste comme la demeure d'un artiste ou d'un sage, elle a l'air de vouloir se dérober aux regards, plutôt que de se mettre en évidence comme les heureuses et coquettes habitations de l'opulence et du plaisir.

Devant sa façade, s'étend une belle allée de charmilles, un peu émondée aujourd'hui, mais autrefois touffue et qui a vu se promener jadis, sous ses arceaux ombreux, les élégants seigneurs, les hommes de lettres, les intelligentes et belles actrices du xviii° siècle. Lekain, Fleury, Larive y oubliaient leurs grands rôles et leurs grands airs, tandis que la Clairon, la Saint-Huberti, les Sainval s'y reposaient des compliments et des bravos, en cueillant des pâquerettes ou en contemplant la grande nature dans une de ses plus admirables manifestations.

A la suite de ces élégants et sympathiques personnages, se dresse le souvenir d'une figure qui fut plus tard terrible et qui n'était alors qu'aimable et intelligente. Collot d'Her-bois, acteur aimé des Lyonnais, venait souvent aussi, lorsqu'il était pensionnaire de Mme Lobreau, se promener avec ses camarades dans ces paisibles avenues. En admirant ce splendide paysage, et la riche cité couvrant l'Europe de la soie de ses métiers, le futur président de la Convention sentait-il déjà, dans son cœur, ces ferments de jalousie et de haine qui, un jour, lui faisaient dire, au comité de Salut-Public : « Il ne faut rien déporter ; il faut détruire tous les conspirateurs. Que les lieux où ils sont détenus soient minés, que la mèche soit toujours allumée, pour les faire sauter, si eux ou leurs partisans osent encore conspirer contre la République. » Et à propos de Lyon : « C'est à coups de foudre que la patrie doit frapper ses ennemis..... Tout ce que le crime et le vice avaient élevé sera anéanti et, sur les débris de cette ville superbe et rebelle..... le voyageur verra quelques monuments simples élevés à la mémoire des amis de la liberté. »

S'il est certain que le futur président de la Convention est venu, à diverses reprises, se distraire et se reposer au milieu de la société charmante qui fréquentait *la Fleurie*, et si ses pas sont empreints assez profondément dans le sable de ses allées, pour ne jamais s'effacer, il est non moins avéré qu'un autre destructeur de Lyon, Couthon, parut aussi sous ces frais ombrages, mais dans des conditions tout à fait désastreuses. Ce n'était pas, en effet, pour prendre du délassement et du repos, comme Collot d'Herbois, que le terrible cul de jatte auvergnat se fit, à diverses reprises, porter pendant le siége à *la Fleurie :* c'était pour juger, par lui-même, si son œuvre de destruction et de ruine avançait.

Pendant que Dubois-Crancé dirigeait l'ensemble des opérations, de son quartier général, au-dessus de Saint-Clair, en vue du Rhône, Couthon avait été chargé d'enserrer la place, du côté du midi et, pour anéantir les quartiers de Perrache et de Bellecour, c'était sur les terrasses de *la Fleurie* qu'il avait dressé une de ses redoutables batteries.

Des hauteurs de Sainte-Foy, qu'il habitait avec ses collègues Delaporte et Maignet, il se faisait porter tous les jours à la villa, d'où il pouvait suivre plus commodément les progrès de l'attaque, voir le ravage des boulets, la consternation des Lyonnais, qui renonçaient à se défendre, et se repaître des plus désolantes scènes dont puisse gémir l'humanité.

Pour se distraire, les artilleurs de la batterie, dans leurs moments d'inaction, sans doute par manière de passe-temps, s'amusaient, du bois de leurs écouvillons, à mutiler deux sphinx en pierre d'un très-bon style, qui, accroupis de chaque côté de l'escalier, gardent encore aujourd'hui le passage, entre l'allée de charmilles et les pelouses inférieures et montrent au promeneur ému des blessures qui n'ont point été faites par le temps.

Ainsi, après les échos joyeux, que de lugubres souvenirs se rattachent à *la Fleurie !*

Un fait encore, et non le moins douloureux, paraît s'y être accompli.

La bibliothèque de la ville de Lyon, fonds Coste, possède deux pièces capitales, qui ont trait au siége de notre malheureuse cité ; c'est l'acte de sommation des représentants du peuple aux Lyonnais, d'avoir à ouvrir leurs portes à l'armée républicaine, sous peine d'une complète destruction.

Cet acte est double ; un seul exemplaire fut envoyé.

Le premier, du 7 octobre, écrit avec élégance et prétention, est de la main d'un secrétaire ou d'un fourrier. Outre le sceau en cire rouge des représentants du peuple, il porte les signatures autographes de Couthon, Delaporte et Maignet, il est daté de Sainte-Foix (*sic*), huit heures du matin ; il ordonne aux Lyonnais d'avoir à ouvrir leurs portes avant dix heures. Deux ou trois fautes d'orthographe le déparent.

Il compte autant de ratures. Était-il trop tard pour envoyer cette pièce? N'osa-t-on pas présenter aux Lyonnais une sommation raturée? Quoi qu'il en soit, elle ne fut pas expédiée.

L'autre, écrite entièrement de la main de Couthon, sur papier grossier, mais sans faute d'orthographe et sans rature, est également signée de Couthon, Maignet, Delaporte. Elle est également revêtue du sceau de cire rouge des représentants du peuple. Elle est écrite à la hâte, d'une main agitée et frémissante, comme si elle eût été formulée, non dans un cabinet, mais en plein air et aux ardeurs de la poudre. C'est la pièce authentique, celle qui fut présentée aux Lyonnais consternés. Elle se termine par ces mots : « Au quartier général de Sainte-Foix (*sic*) le sept octobre 1793, l'an second de la République une et indivisible, à dix heures du matin. »

Puisqu'une batterie avait été établie, par les ordres de Couthon, dans cette fameuse allée de charmilles de *la Fleurie*, qui nous interdit de supposer que Couthon, avide et curieux de voir la fin du siége, s'était fait porter sur ce point si favorable pour contempler les ruines de la ville fumante et que c'est là, dans cette allée, sur un tambour peut-être, ou sur la balustrade de la terrasse, que la terrible sommation a été écrite, pour annoncer aux Lyonnais terrifiés que si, à midi, toute résistance n'avait pas cessé, le bombardement recommencerait jusqu'à ce que la ville fût anéantie.

Si l'histoire exacte n'affirme pas ce fait, il est permis de l'avancer à titre d'hypothèse, et tout peintre d'histoire pourra, sans être accusé de légèreté et de mensonge, représenter un groupe d'officiers républicains autour de la batterie, Delaporte et Maignet avec une escorte, et Couthon, dans son fauteuil, écrivant la sommation aux Lyonnais, à l'abri des mêmes ombrages qui avaient vu naguère Lekain, Larive et Clairon.

C’est avec ce mirage dans l’esprit, qu’on peut se promener aujourd’hui encore, au milieu de ce parc où rien n’est changé que les personnages. La tradition a conservé le cadre et les accessoires du tableau. A l’extrémité de l’allée de charmilles se voient toujours, ainsi qu’au siècle dernier, les bouquets de peupliers dressant leurs colonnes de verdure. Si les arbres eux-mêmes ont péri, les groupes ont été conservés avec soin, tels qu’ils sont cités et décrits dans les actes de 1613 et les écrits du temps. Leurs cimes élancées coupent toujours l’horizon et donnent, en s’élevant au-dessus des massifs voisins, le même charme saisissant qui faisait rêver les belles dames et les spirituels cavaliers à qui Mme Lobreau faisait les honneurs de sa retraite.

Au delà des peupliers est la limite de la propriété ; mais, ce qui dénote un goût exquis de la part des propriétaires, la séparation qui court entre les deux parcs n’est qu’un simple buisson fleuri, barrière amicale, toute de convention, qui n’ôte pas la vue, n’arrête pas la pensée et n’offre aux yeux qu’une succession de bouquets d’arbres et de vertes pelouses, comme si on avait l’immensité devant soi.

Au-delà de *Belle-Rive*, l’opulente habitation Perisse, on aperçoit la *Maison Grise*, illustrée par le séjour de deux éminents personnages dont Lyon a le droit d’être fier, Thierry, le statuaire, et Cailhava, le bibliophile si connu. Dans le fond, s’élèvent les collines d’Irigny et plus loin encore, au milieu des brumes et des nuages, les cimes célèbres du Mont-Pilat.

Mais *la Fleurie* possède encore d’autres souvenirs et d’autres charmes. Sa plus séduisante attraction consiste en une galerie de portraits des principales actrices de la troupe de Mme Lobreau, et le bienveillant propriétaire du petit château ne refuse point d’admettre à la voir les visiteurs curieux, qui en sollicitent la permission.

Cette précieuse collection se compose de quatorze pastels.

Douze de ces portraits, grandeur demi-nature, représentent les dames les plus fêtées, les étoiles, comme on dirait aujourd'hui, de la troupe de Mme Lobreau. On retrouve le faire de l'école de Boucher, dans ces figures coquettes, un peu maniérées, qui ont posé avec le désir évident d'être trouvées jolies. L'une tient une fleur, l'autre prend son café ou son chocolat, toutes minaudent et roucoulent comme si un beau cavalier leur contait fleurette. Malheureusement, le nom de ces beautés est inconnu : Quant à celui de l'artiste, on peut supposer que c'est Bréa, de Paris, qui a eu soin de joindre son adresse de peintre-encadreur au dos de chaque portrait. Artiste prudent et que la gloire ne grisait pas, Bréa ne dédaignait point de proclamer qu'il était aussi fabricant de cadres, heureux de joindre aux profits que ses crayons lui donnaient, les bénéfices d'une plus modeste industrie.

Mais, à côté de ces douze portraits, dont la principale valeur vient des souvenirs qu'ils rappellent, on admire deux grands et beaux portraits, véritables œuvres d'art, signés Barois et datés de 1775.

L'un représente une jeune femme d'une rare beauté, d'une grande élégance, des plumes dans les cheveux, des diamants aux bras et au cou et revêtue d'un costume d'apparat, tel qu'on le portait sur la scène ou à la cour.

Cette femme était-elle Mme Lobreau, Mlle Clairon ou quelque autre célébrité du temps? On ne pourrait le savoir, faute de meilleurs documents, qu'en comparant cette tête admirable aux collections de la bibliothèque nationale. A qui s'adresser? A M. le conservateur des estampes? Ce mystère peut et doit se révéler.

L'autre portrait est celui d'un homme jeune et distingué, plus richement vêtu qu'un marquis de l'ancienne cour. La tête expressive n'est pas celle d'un grand seigneur. Elle rappelle l'acteur qui voit, observe, étudie, se pénètre d'un personnage, joue les rois et les princes, mais n'en est pas un.

Quel est celui de nos acteurs célèbres qui a laissé un tel souvenir à la *Fleurie?* Comme pour le portrait précédent, le mystère n'est pas insondable. Les deux portraits envoyés à Paris seraient bien vite reconnus.

Ces œuvres magistrales sont précieuses et devaient être signalées. On dit que le propriétaire de la *Fleurie,* homme d'esprit et de goût, veut donner à cette galerie une place digne d'elle. C'est un service qu'il rendra aux arts de la peinture et du théâtre, comme à l'histoire de la cité, de notre chère cité, si heureuse quand on lui conserve les vestiges de son glorieux passé.

TABLE

Lyon. — Imp. Mougin-Rusand, 3, rue Stella.